DA IDEIA AO BILHÃO

Daniel Bergamasco

DA IDEIA AO BILHÃO

Estratégias, conflitos e aprendizados das primeiras start-ups unicórnio do Brasil

*99 * Arco Educação * Ebanx * Gympass * iFood * Loggi * Movile * Nubank * QuintoAndar * Stone*

PORTFOLIO
PENGUIN

Copyright © 2020 by Daniel Bergamasco

A Portfolio-Penguin é uma divisão da Editora Schwarcz S.A.

PORTFOLIO and the pictorial representation of the javelin thrower are trademarks of Penguin Group (USA) Inc. and are used under license.
PENGUIN is a trademark of Penguin Books Limited and is used under license.

Grafia atualizada segundo o Acordo Ortográfico da Língua Portuguesa de 1990, que entrou em vigor no Brasil em 2009.

CAPA André Hellmeister
IMAGEM DE CAPA serhiibobyk/ Adobe Stock
PREPARAÇÃO Fernanda Villa Nova
ÍNDICE REMISSIVO Probo Poletti
REVISÃO Ana Maria Barbosa e Marise Leal

Dados Internacionais de Catalogação na Publicação (CIP)
(Câmara Brasileira do Livro, SP, Brasil)

Bergamasco, Daniel
Da ideia ao bilhão : estratégias, conflitos e aprendizados das primeiras start-ups unicórnio do Brasil / Daniel Bergamasco. — 1ª ed. — São Paulo : Portfolio-Penguin, 2020.

ISBN 978-85-8285-113-5

1. Empreendedorismo 2. Empresas – Brasil 3. Inovações 4. Negócios 5. Planejamento estratégico 6. Startups I. Título.

20-38953 CDD-658.11

Índice para catálogo sistemático:
1. Novos negócios : Administração de empresas 658.11

Cibele Maria Dias – Bibliotecária – CRB-8/9427

[2020]
Todos os direitos desta edição reservados à
EDITORA SCHWARCZ S.A.
Rua Bandeira Paulista, 702, cj. 32
04532-002 — São Paulo — SP
Telefone: (11) 3707-3500
www.portfolio-penguin.com.br
atendimentoaoleitor@portfoliopenguin.com.br

*Para Alê Balles,
a razão de tudo*

SUMÁRIO

Introdução: O que importa   9

1. A ideia ruim que vale ouro   21
   (*QuintoAndar*)

2. A ideia "genial" que não vale nada   32
   (*Movile, iFood*)

3. O cliente tem uma ideia melhor   40
   (*Gympass*)

4. A alquimia da sociedade ideal   49
   (*Ebanx, Loggi, Nubank*)

5. Nus com a mão no bolso   64
   (*Nubank*)

6. Um novo ouvinte na rádio-peão   74
   (*Arco Educação*)

7. Na saúde e na doença   83
   (*99*)

8. O casamento dos sete anões   91
   (*Movile*)

9. Alcatra, arroz, feijão e suco   106
   (*iFood*)

10. Quero trabalhar aqui   120
    (*Stone*)

11. Pessoas
    (*QuintoAndar, Loggi, Gympass, Arco Educação, Nubank, Movile*)   130

12. Rumo à Nasdaq: de "jegue" a unicórnio   142
    (*Arco Educação*)

13. Rumo à Nasdaq: chantagem, turbulência e bilhões   154
    (*Stone*)

14. Negócio da China × negócio com a China   166
    (*99, Ebanx*)

15. Cabeçadas em terra estrangeira   178
    (*Gympass, Movile, Nubank*)

16. Sexy sem ser vulgar: Como conquistar um investidor   188
    (*Softbank, Innova Capital, Valor Capital, Kaszek Ventures, Black Rocks, 100 Open Startups*)

17. Olhando para as estrelas   199
    (*Movile*)

Entrevistados   205
Agradecimentos   209
Créditos das imagens   211
Índice remissivo   213

INTRODUÇÃO
O QUE IMPORTA

SE UM COLABORADOR chega de bicicleta à sede paulistana da Movile, pode tomar banho em chuveiros com formato de personagens dos filmes da franquia *Star Wars*: o vilão Darth Vader no vestiário masculino e o robô R2-D2 no feminino.

No prédio onde fica o Ebanx, em Curitiba, há open bar de paçoquinhas em todos os andares.

O acesso ao salão de cabeleireiro, barbeiro e manicure do iFood, em Osasco, é livre para os funcionários, chamados de *foodlovers*. Eles podem agendar horário para fazer as unhas ou cortar o cabelo. No mesmo prédio, toda sexta-feira, um profissional é sorteado para levar seu cachorro ao trabalho e ganha um kit com água, ração, tapetinho higiênico e um crachá de funcionário canino, com o focinho do pet estampado.

No Nubank, os pets de todos são sempre bem-vindos, desde que os responsáveis cuidem deles. Já passaram por lá cachorros, gatos e até um *hedgehog*, o ouriço pigmeu africano. O prédio principal é o mais arrojado da avenida Rebouças, com a fachada composta pelo que parecem grandes pixels. Quem dá uma espiada no entra e sai do edifício não se sente em uma instituição financeira — pode pensar que está em uma faculdade de arquitetura ou até em uma convenção de vendedores da marca de óculos Chilli Beans. Em geral são pessoas bem jovens, boa parte delas com tatuagens, piercings e cabelos multicoloridos, fazendo selfies na piscina de bolinhas roxas.

Na Loggi, nos arredores da avenida Paulista, quem deseja aliviar o estresse pode desferir uns socos em um boneco *sparring* de boxe ou abraçar um ursão de pelúcia de estatura humana chamado de Logão.

Na sede do Gympass, onde os andares ganham nomes como "lutas" e "danças", há bebida de whey protein brotando de uma máquina, prontinha e gelada.

E seria repetitivo mencionar que, em quase todos esses endereços, há onipresentes pufes coloridos, mesas de pebolim, videogames e paredes grafitadas.

Assim é a rotina de trabalho nas empresas brasileiras chamadas de unicórnios, as start-ups (empresas iniciantes com um modelo de negócios repetível e escalável por meio da tecnologia) que atingiram um valor de mercado de ao menos 1 bilhão de dólares. A analogia com os animais míticos vem do fato de serem tão raras a ponto de se tornarem lendas e inspirarem os sonhos de empreendedores iniciantes que almejam, um dia, chegar lá.

Antes de tudo, cabe um alerta. Quem tenta enxergar nesse ambiente corporativo diferentão, lúdico e instagramável o segredo desse sucesso não estará decifrando um unicórnio, mas procurando chifre em cabeça de cavalo.

INTRODUÇÃO: O QUE IMPORTA

A magia desses negócios vencedores, do Nubank ao iFood, da Loggi ao Ebanx, não está na mesa de sinuca, mas em outro jogo: um jeito novo de trabalhar, de idealizar modelos de negócios, de contratar e lidar com pessoas talentosas e, sobretudo, de dar um novo status às demandas do consumidor. Há um conjunto de práticas e técnicas que subverte a lógica de negócios tradicionais, em uma cartilha que adapta aprendizados do vale do Silício e da China à realidade do Brasil, que cria um ecossistema a seu modo.

Em uma década marcada pela grave crise econômica nacional, os empreendedores por trás dos primeiros unicórnios brasileiros tiveram a coragem de começar — em geral por volta de 2012 e 2013, quando o pessimismo era crescente —, a garra para insistir enquanto quase todos os outros setores do país iam mal, a habilidade de passar do estágio de start-ups para *scale-ups* (empresas mais maduras que sustentam alto crescimento por anos seguidos) e, enfim, a capacidade de se provar fortes (e, em muitos casos, de brilhar) quando a economia do mundo sofria o abalo da pandemia da covid-19.

Ao longo dessa trajetória, tais iniciativas transformaram seus mercados. O jeito de alugar um apartamento nas grandes cidades, de pedir comida, de comprar produtos do exterior, de ter uma conta em banco — tudo mudou em poucos anos.

O resultado é que o Brasil, por uma série de razões, tem se destacado no setor de inovação, mesmo diante do contexto nacional desfavorável. Em 2019, foi o terceiro país com o maior número de novos unicórnios, com um total de cinco — atrás dos Estados Unidos (78) e da China (22), empatado com a Alemanha e à frente da Grã-Bretanha, de Israel e da Índia (com quatro cada um), na contabilização da influente plataforma de dados CrunchBase.

* * *

O termo unicórnio como definição de start-ups bilionárias surgiu em um artigo da investidora americana Aileen Lee, fundadora da Cowboy Ventures, em 2013. O Instagram havia atingido esse valor de mercado ao ser vendido por 1 bilhão de dólares no ano anterior para o Facebook. Mark Zuckerberg chocou o mundo ao desembolsar pelo aplicativo o que valia o jornal *The New York Times*, um disparate naquele momento. Seis anos depois, a rede social de fotos foi avaliada por analistas em cem vezes o valor da aquisição, uma confirmação do enorme acerto da aposta no app, que tem o paulistano Mike Krieger entre os fundadores.

Desde a repercussão do texto de Aileen, uma pergunta se repetia ano a ano: quais serão os primeiros unicórnios brasileiros? A resposta só veio em 2018, quando o aplicativo de táxis e carros particulares 99 foi anunciado como o número 1. *Da ideia ao bilhão* foi construído ao longo de um ano a partir da imersão em processos internos, eventos e entrevistas com 91 pessoas de todos os lados do negócio — de executivos a clientes, de estagiários a investidores, passando por fundadores dos dez primeiros unicórnios do país.

Não se trata da compilação de perfis dessa dezena de empresas, mas de um retrato desse jovem ecossistema de inovação brasileiro revelado por meio delas. A cada capítulo, uma ou mais start-ups são mostradas em um aspecto importante dessa saga, da concepção das primeiras ideias à expansão internacional, passando por histórias diversas: gente que vendeu sua parte e ficou muito rica aos trinta e poucos anos de idade, a negociação sigilosa do grupo chinês Alibaba para tentar comprar o futuro unicórnio da região Sul, a transição do gênero masculino para o feminino de uma cofundadora, os tumultuados

INTRODUÇÃO: O QUE IMPORTA

bastidores da abertura de capital na Nasdaq, um inacreditável processo seletivo de trainees com inspirações militares e as estratégias traçadas em meio ao coronavírus.

As empresas estão listadas abaixo, na ordem em que foram anunciadas como unicórnios:

- o aplicativo de mobilidade **99**;
- a fintech (start-up financeira) **Nubank**, de serviços bancários como cartão de crédito e conta-corrente;
- o delivery de comida **iFood**;
- a holding de aplicativos **Movile**;
- o grupo de sistemas de ensino **Arco Educação**;
- a fintech **Stone**, de maquininhas de cartão e outros serviços;
- o passe de acesso a redes de academias de ginástica **Gympass**;
- a plataforma de logística **Loggi**;
- o site de aluguel e compra de imóveis **QuintoAndar**;
- a fintech **Ebanx**, que processa pagamentos de compras de clientes latino-americanos em lojas e serviços on-line internacionais.

Há listas um pouco diferentes produzidas pela imprensa, por pesquisadores acadêmicos ou associações. Algumas não contemplam as organizações que atingiram a valorização bilionária ao serem vendidas para um gigante, como aconteceu com a 99, adquirida pela chinesa Didi Chuxing. Outras excluem as instituições de capital aberto na Bolsa de Valores, caso da Stone e da Arco Educação. Muitas vezes é incluída a PagSeguro, concorrente da Stone, deixada de fora por ter começado no UOL, já uma grande marca de tecnologia. E muitos não consideram Movile e iFood unicórnios distintos, como faremos aqui — mesmo que a primeira tenha uma participação de aproximadamente setenta por cento na segunda, ambas são grandes em separado.

A população brasileira, que a despeito dos milhões sem acesso à internet tem o quarto maior número de usuários do Facebook no mundo,* se mostra há anos engajada no consumo de produtos digitais. Essa característica é crucial para entender a identidade do ecossistema brasileiro. A base é o mesmo método *lean* (enxuto) usado no mundo todo, no qual um plano de negócios padrão é substituído pelo ciclo de três eixos: ideias, produtos e dados. É algo bem simples: o empreendedor elabora uma hipótese do que deseja o consumidor, lança no mercado e depois mede os resultados para, a partir daí, aperfeiçoar a ideia, que vai resultar em outro produto, com novos dados... E assim sucessivamente, gastando dinheiro aos poucos e corrigindo a rota de forma rápida.

Uma das particularidades brasileiras nessa metodologia é possuir inovações mais centradas em modelos de negócio inteligentes que não necessariamente têm tecnologia de ponta — ainda que, mais recentemente, algumas tenham se aprimorado com o uso de inteligência artificial. Outra peculiaridade, com exceções, é a versão abrandada do chamado *blitzscaling*, o crescimento-relâmpago no qual se assume longos períodos de prejuízo para investir em crescimento rápido, abrindo-se mão da eficiência para eliminar concorrentes e dominar o mercado, como faz a Uber. Com as incertezas da economia local, inclusive no câmbio, aqui a regra é ser um pouco mais pé no chão. No Brasil, há empresas (como Arco, Ebanx e Stone) que passaram a operar com lucro logo nos primeiros anos, pois fazem investimentos que cabem na receita, sem "queimar dinheiro". Por

---

* Disponível em: <statista.com>. Acesso em: jan. 2020.

isso, muitas vezes preferem ser chamadas de "camelos", mais adaptáveis a condições inóspitas. E por falar em adaptação...

Escrevi as últimas linhas deste livro em julho de 2020, quatro meses depois de o Brasil se fechar em quarentena com a pandemia. Em março, logo depois de fazer uma boa compra de supermercado e me isolar em casa, peguei um dos meus treze bloquinhos com anotações sobre as empresas e rabisquei uma escala, pensando em como cada um dos unicórnios brasileiros seria afetado; quais cresceriam nos meses seguintes e quais mais sofreriam. Acertar que o iFood e o Nubank iriam disparar foi fácil: a demanda por comida entregue em casa e por banco sem agência física obviamente explodiria. Na outra ponta, a das dificuldades imediatas, coloquei o nome do Gympass (com academias fechadas, o abalo seria inevitável) e o da Stone, conhecida pelas maquininhas de pagamento em pequenos e médios negócios de rua, todos agora fechados. A grande questão era: como elas usariam sua cultura de inovação para contornar essa crise repentina? Eis a prova de fogo. O Gympass, que tantas vezes reviu seu modelo ao longo de sua história até que deslanchasse, precisou se ajustar mais uma vez e apostou não apenas nas aulas on-line, mas em serviços como atendimento individual com terapeutas, diante da necessidade enorme de cuidar da saúde mental na quarentena. A Stone logo se mostrou forte: as ações na Nasdaq, que despencaram num primeiro momento, voltaram a voar e a chegar bem perto da máxima, quando os investidores entenderam que a companhia se deu muito bem com a explosão do e-commerce (metade das transações brasileiras nesse período passou por uma solução digital da empresa).

Se os dez unicórnios que retrato aqui serão felizes e bilionários para sempre (quem sabe um dia trilionários, como o Google ou a Apple), esse é um exercício de futurologia simplesmente impossível para qualquer empreendimento do planeta — e mais imprevisível ainda em um segmento de mudanças tão rápidas. O legado desse grupo dos dez primeiros unicórnios do país, porém, já é algo notável. Em sua trajetória até aqui, as start-ups atraíram para o Brasil grandes fundos de investimento, formaram milhares de profissionais e construíram lições valiosas. Esses aprendizados valem mais do que nunca para companhias tradicionais, que muitas vezes se equivocam ao grafitar as próprias paredes, comprar um Playstation e ficar à espera da visita da fadinha da inovação, sem que nada mude em sua essência.

Há uma série de práticas e princípios contraintuitivos nesses negócios inovadores, que será destrinchada nos capítulos seguintes. Isso começa pela maneira de lidar com ideias por vezes tidas como estapafúrdias, mas que são o atalho para que algo excepcional seja construído. E também pela valorização de erros e pequenos fracassos, que, manejados com as técnicas corretas, viram adubo para os acertos do futuro.

Pode parecer igualmente um contrassenso a formação de sociedades no melhor estilo Tinder, entre pessoas que não se conheciam antes, caso do Nubank e da Loggi. Ou as contratações que deixam em segundo plano as experiências e as habilidades técnicas do candidato para valorizar, antes de tudo, o perfil comportamental em sintonia com o estilo da empresa — se é mais agressivo ou ponderado, se é metódico ou improvisador etc. —, o chamado "fit cultural". Esses e muitos outros ingredientes das grandes start-ups são amarrados por um mantra repetido há décadas, mas renovadíssimo para mais temporadas: o valor do "sonho grande". A frase-símbolo de Jorge Paulo Lemann é onipresente no imaginário e na comunicação interna dessas empresas. Aparece até em senha de wi-fi.

INTRODUÇÃO: O QUE IMPORTA

Não é por acaso que Lemann, que completou oitenta anos em 2019, será citado em diversos trechos deste livro. Nenhum outro titã dos negócios brasileiros está tão ligado a esses unicórnios quanto o líder do 3G e seus sócios Marcel Telles e Beto Sicupira. Diante das transformações do mercado que colocaram em xeque o modelo de parte de suas empresas, o homem mais rico do Brasil — 104,71 bilhões de reais, na lista da *Forbes* de 2019 — já se considerou um "dinossauro apavorado" em 2018 e, no ano seguinte, um "dinossauro se mexendo". Mas a verdade é que há tempos ele está bem perto dessa onda da nova economia: investe em dois unicórnios brasileiros, a Movile e a Stone, e chegou a flertar, sem sucesso, com ao menos um outro, como será contado no capítulo 12.

No páreo da nova economia digital, há o lugar dos dinossauros sacudidos, dos pequenos pôneis, dos pés de pano, dos pangarés e até das zebras. Mas é dos unicórnios, claro, que todos correm atrás. As pegadas da jornada percorrida por eles são bastante visíveis para quem deseja empreender ou se tornar um profissional mais atualizado em qualquer campo — e estão descritas, uma a uma, nas páginas seguintes.

As dez primeiras

Quais são as start-ups do Brasil pioneiras em conquistar um valor de mercado de ao menos 1 bilhão de dólares

99	Arco Educação
Aplicativo de táxi e carros particulares	Grupo de sistemas de ensino
Fundadores: Ariel Lambrecht, Paulo Veras e Renato Freitas **Origem:** São Paulo (SP) **Ano de fundação:** 2012 **Jogada de mestre:** apostou alto ao bancar 30% de desconto nas corridas durante dois meses em 2015 — e conseguiu manter os novos clientes depois do fim da promoção **Ano em que virou unicórnio:*** 2018 **Chegada ao bilhão:** venda para a empresa chinesa Didi Chuxing **Fronteiras:** atua exclusivamente no Brasil	**Fundadores:** Ari de Sá Cavalcante Neto e Oto de Sá Cavalcante **Origem:** Fortaleza (CE) **Ano de fundação:** 2007** **Jogada de mestre:** uso da tecnologia em diversas etapas, de videoaulas à análise da evolução de aprendizado **Ano em que virou unicórnio:*** 2018 **Chegada ao bilhão:** abertura de capital na Nasdaq, em Nova York **Fronteiras:** atua exclusivamente no Brasil
Loggi	**Movile**
Plataforma de logística	Grupo de empresas de tecnologia, com foco em mobile
Fundadores: Arthur Debert, Fabien Mendez **Origem:** São Paulo (SP) **Ano de fundação:** 2013 **Jogada de mestre:** conseguiu orquestrar diferentes modais de transporte e centros próprios de distribuição para otimizar os grandes volumes de entrega **Ano em que virou unicórnio:*** 2019 **Chegada ao bilhão:** investimento de 150 milhões de dólares liderado pelo Softbank **Fronteiras:** atua exclusivamente no Brasil	**Fundadores:** Fabio Povoa, Eduardo Lins Henrique, Fabricio Bloisi, Marcelo Sales, Monique Oliveira, Rafael Duton, entre outros **Origem:** Campinas (SP) **Ano de fundação:** 1998*** **Jogada de mestre:** o negócio foi bem-sucedido em uma série de fusões e aquisições que trouxeram novos sócios em diversos momentos **Ano em que virou unicórnio:*** 2018 **Chegada ao bilhão:** investimentos liderados pelo grupo sul-africano Naspers **Fronteiras:** seus apps são baixados em cerca de 180 países

INTRODUÇÃO: O QUE IMPORTA

Ebanx	iFood	Gympass
Soluções que permitem a latino-americanos comprar em sites estrangeiros	Delivery de comida e compras de supermercado	Passe único para uso de milhares de academias
Fundadores: Alphonse Voigt, João del Valle e Wagner Ruiz	**Fundadores:** Felipe Fioravante, Guilherme Bonifácio, Patrick Sigrist, Eduardo Baer	**Fundadores:** Cesar Carvalho, João Thayro e Vinícius Ferriani
Origem: Curitiba (PR)	**Origem:** São Paulo (SP)	**Origem:** São Paulo (SP)
Ano de fundação: 2012	**Ano de fundação:** 2011	**Ano de fundação:** 2012
Jogada de mestre: ao oferecer uma solução simples para pagamento com boleto bancário, possibilitou o consumo por milhões de desbancarizados	**Jogada de mestre:** foi pioneiro na criação do aplicativo para smartphone quando os concorrentes mantiveram a estratégia de sites	**Jogada de mestre:** passar a operar como benefício corporativo em vez de apostar em clientes individuais
Ano em que virou unicórnio:* 2019	**Ano em que virou unicórnio:*** 2018	**Ano em que virou unicórnio:*** 2019
Chegada ao bilhão: investimento de 50 milhões de dólares feito pela FTV	**Chegada ao bilhão:** investimentos liderados pelo grupo sul-africano Naspers	**Chegada ao bilhão:** investimento de 300 milhões de dólares liderado pelo Softbank
Fronteiras: além do Brasil, atua na Argentina, na Bolívia, no Chile, na Colômbia, no Equador, no México e no Peru	**Fronteiras:** além do Brasil, atua na Colômbia e no México	**Fronteiras:** além do Brasil, atua na Alemanha, na Argentina, no Chile, na Espanha, nos Estados Unidos, na França, na Holanda, na Irlanda, na Itália, no México, em Portugal, no Reino Unido e em San Marino

Nubank	QuintoAndar	Stone
Fintech com cartão de crédito sem anuidade e outros produtos **Fundadores:** Cristina Junqueira, David Vélez e Edward Wible **Origem:** São Paulo (SP) **Ano de fundação:** 2013 **Jogada de mestre:** a qualidade e a inventividade do atendimento ao consumidor se tornaram usinas de marketing **Ano em que virou unicórnio:*** 2018 **Chegada ao bilhão:** investimento de 150 milhões de dólares liderado pelo DST Global **Fronteiras:** além do Brasil, atua na Argentina e no México	Plataforma de aluguel e compra de imóveis **Fundadores:** André Penha e Gabriel Braga **Origem:** Campinas (SP) **Ano de fundação:** 2012 **Jogada de mestre:** construir um modelo a partir de técnicas de *design thinking*, que resultou em locação de imóveis sem fiador, sem cartório, entre outras inovações **Ano em que virou unicórnio:*** 2019 **Chegada ao bilhão:** investimento de 250 milhões de dólares liderado pelo General Atlantic **Fronteiras:** atua exclusivamente no Brasil	Empresa de meios de pagamento, mais conhecida pela maquininha de cartão **Fundadores:** Andre Street e Eduardo Pontes **Origem:** Rio de Janeiro (RJ) **Ano de fundação:** 2012 **Jogada de mestre:** foco nas pequenas e médias empresas, com atendimento fora de série **Ano em que virou unicórnio:*** 2018 **Chegada ao bilhão:** abertura de capital na Nasdaq, em Nova York **Fronteiras:** atua exclusivamente no Brasil

* Ano em que a empresa foi anunciada como unicórnio.
** Início da plataforma SAS.
*** Início da Compera.

1
A ideia ruim que vale ouro

QuintoAndar

ANTES DE A UBER conquistar o mundo, quem pensaria que entrar no carro de estranhos, e ainda aceitar água e balinha, se tornaria algo tão bem-aceito? Da mesma forma, o americano Airbnb, fundado em 2008, era tratado por muitos como um negócio destinado ao fracasso: que cidadão em seu juízo normal abriria sua casa inteira, ou um único quarto, para receber homens e mulheres desconhecidos? Ou pior: nessa relação às cegas, quem toparia ser o hóspede e ficar trancafiado no imóvel alheio? "As pessoas realmente fazem isso? O que há de *errado* com elas?",* espantou-se Paul Graham, criador da aceleradora de start-ups Y Combinator (YC), em uma conversa com Brian Chesky, fundador do site de hospedagem, em 2009.

Ainda que a empreitada lhe parecesse estapafúrdia, Paul

---

* HOFFMAN, Red; YEH, Chris. *Blitzscaling: O caminho mais rápido para construir negócios extremamente valiosos*. Trad. Carolina Gaio. Rio de Janeiro: Alta Books, 2019.

se deixou levar pela intuição: o entusiasmo de Brian e do sócio Joe Gebbia não era trivial. Deu uma colher de chá para os rapazes que procuravam ajuda e acolheu o Airbnb em seu programa trimestral de aceleração. E que aceleração! Apenas três anos depois de sua fundação, quando virava a hotelaria mundial de cabeça para baixo, o Airbnb receberia um aporte de 112 milhões de dólares que elevaria seu valor de mercado para mais de 1 bilhão de dólares. Nascia ali não apenas um unicórnio, mas um dos mais citados, admirados e reluzentes sinônimos dessa denominação.

Semanas antes de esse salto bilionário acontecer, o mineiro Gabriel Braga, na época com 29 anos, chegou ao Airbnb para um estágio de curta temporada. A sede na Califórnia era meio feiosa e ele se sentava em uma cadeira velha, com buraco no assento, e uma porta apoiada sobre dois cavaletes lhe servia de mesa. Uma vez, ao descansar o cotovelo em um dos lados, a prancha girou e seus pertences voaram para o chão.

Gabriel ficou por ali durante o trimestre das férias de verão do MBA que cursava na Universidade Stanford, pilar intelectual do vale do Silício. Abriu mão do recesso para conhecer o mecanismo da start-up, uma das mais comentadas naquele momento. Em pouco tempo, teve o privilégio de acompanhar os altos e baixos da rotina, da mudança para um prédio arrojado à primeira grande crise: um hóspede aprontou um quebra-quebra no imóvel de uma mulher em San Francisco. A imprensa noticiou repetidamente o episódio, que punha em questão a credibilidade do modelo inovador. Internamente, sair-se bem desse solavanco era algo tratado como caso de vida ou morte. "Durante algumas semanas, a empresa funcionou 24 por sete [24 horas por dia, sete dias por semana] e tinha gente dormindo em colchão de ar no escritório, pensando o dia todo em melhorias de segurança. Fiz parte do time que lançou a Garantia do Anfitrião [ressarcimento monetário em caso de danos causados pelo visitante], uma proposta que surgiu em um domingo, às três horas da manhã", conta Gabriel.

Cada novo dia ali trazia aprendizados valiosos, que ele tentava aproveitar ao máximo — não foi, afinal, à toa que o jovem pleiteou uma oportunidade no Airbnb. Àquela altura, ele já planejava, em parceria com André Penha, seu colega no MBA, a criação da plataforma que, ao tirar do processo a necessidade de cartórios e fiadores, simplificou o aluguel de imóveis nas grandes cidades brasileiras: o QuintoAndar.

A princípio, a iniciativa foi batizada de projeto Dorothy, uma referência à personagem de O mágico de Oz que diz: "Não existe lugar como o nosso lar". Talvez a dupla devesse ter selecionado outra saga para se inspirar. Se na história criada por L. Frank Baum o caminho de tijolos amarelos era repleto de surpresas contornáveis, a trilha do QuintoAndar se mostrou significativamente mais tortuosa por basicamente um motivo: no começo, quase ninguém acreditava no sucesso dessa ideia.

Comece pelo problema

Os futuros sócios do QuintoAndar se conheceram no evento inaugural do MBA de Stanford, voltado à integração dos alunos recém-admitidos. Uma mala de André havia rasgado na viagem do Brasil à Califórnia e o colega topou lhe fazer companhia até um outlet a uma hora dali. O santo bateu. Gabriel se divertiu com as piadas e histórias do novo colega, também nascido em Minas Gerais.

Aos quinze anos, André era um entusiasta de eletrônica e computação quando criou uma rádio pirata em Divinópolis, no oeste mineiro. Não suportava a hegemonia dos gêneros sertanejo e gospel que monopolizavam o dial local, então colocava para tocar na estação clandestina seus discos de bandas como Led Zeppelin, Deep Purple e Black Sabbath. "Durou só até o meu pai descobrir que era eu. Mas adorei fazer um produto que as pessoas usaram." A experiência deu indícios da vocação empreendedora, que voltou a aparecer depois de se formar em engenharia da computação na Universidade Estadual de Campinas (Unicamp) e montar ao lado de amigos uma produtora de jogos de videogame. A firma acabou vendida para a Tec Toy e ele passou mais quatro anos trabalhando em funções distantes da criação, até se cansar. "Percebi que, se um dia eu e aquelas sessenta pessoas que estavam ali parássemos de trabalhar, o mundo ia seguir exatamente do mesmo jeito. Não gostei muito dessa minha conclusão. E aí decidi ir para Stanford, onde resolvi que faria um negócio de impacto."

Aprovado na instituição californiana, tentou uma bolsa na Fundação Estudar, criada pelos sócios Jorge Paulo Lemann, Marcel Telles e Carlos Alberto Sicupira. Ao chegar para a última etapa do processo seletivo, André recebeu a orientação para se dirigir a uma sala onde seria sabatinado por uma banca. "Sala errada!", desculpou-se, ao dar de cara com Jorge Paulo, Marcel e Beto. Não havia equívoco algum. O trio estava lá para sabatiná-lo. "Tremendo como uma vara verde", lhe veio à cabeça fazer uma piadinha diante dos examinadores e quebrar o gelo. Então soltou essa: "Vai ser a reunião mais cara que eu já tive na minha vida". Nenhum dos bilionários presentes achou muita graça: "Isso é bobagem. Se estamos aqui sentados fazendo isso, você não tem que pensar se o negócio é caro ou não. Você tem que otimizar o tempo da reunião e mostrar pra gente se você é bom ou não é", disseram eles, em frases alternadas, segundo sua lembrança. André conseguiu o dinheiro, uma pequena fração dos cerca de 200 mil dólares de que precisaria para todas as despesas altíssimas de curso e hospedagem. Tempos depois, devolveu integralmente o incentivo para que fosse usado por novos alunos. O real valor da bolsa, ele afirma, foi incorporar o discurso de pensar grande ensinado pelos três sócios.

Ao ouvir as aspirações empreendedoras do amigo, Gabriel se identificou: também almejava construir algo que impactasse um enorme número de pessoas. Os dois acharam boa a ideia de trabalharem juntos. A dúvida era: fazendo o quê?

Para encontrar a resposta, fizeram um exercício. Em um fim de semana, reservaram uma pequena sala de reunião na universidade e começaram a rabiscar em um quadro branco. Não anotaram que tipo de empresas poderiam inventar, fizeram o caminho contrário. Procuraram quais problemas iriam atacar — os entraves e aborrecimentos cuja solução teria consequências positivas sobre a vida de muita gente. Então escreveram a questão a ser respondida: "O que mais enche o saco?".

O item "alugar um imóvel" logo apareceu. Só de pensar na romaria de procurar uma nova casa dá vontade de desistir da mudança, concluíram. Ou seja, era um tema com potencial para inovação "disruptiva" — aquela que não apenas incrementa o que existe, mas muda o mercado e os hábitos de consumo. A partir de outra pergunta, começaram então o próximo passo: "Por que o aluguel é uma merda?". As primeiras respostas vieram logo: arranjar um fiador, cuidar da papelada, marcar horário com corretor.

Saindo dali, a dupla criou uma pesquisa on-line, distribuída entre amigos e amigos de amigos, para que relatassem, em cada uma das etapas da locação, quais eram os fatores de alegria e de raiva, de expectativa e de potencial decepção. Era um exercício de *design thinking*, que mapeia a experiência do cliente ao longo de toda a jornada de consumo como base para melhorá-la.

Só depois desse mapeamento de tudo o que "enchia o saco" dos inquilinos é que o produto, com todos os seus diferenciais, começa a ser pensado. No glossário do vale do Silício, para criar ideias potentes, que tenham uma adesão veloz do público, é preciso diagnosticar a "dor" comum a muita gente. Pensar no tratamento é a etapa seguinte. Do veneno surge o antídoto.

No papel, o projeto Dorothy ficou incrível. Fotógrafos profissionais seriam chamados para fazer, em larga escala, imagens dos imóveis. Contratos digitais substituiriam a chatice do registro em cartório. E o melhor: como a plataforma livrava os donos dos custos usuais de uma imobiliária (os gastos com a sede física, em especial), poderiam assumir os riscos de um seguro-fiança dos usuários e poupá-los dessa despesa — ou do constrangimento de descolar um fiador.

Confiantes de que aquilo poderia dar certo, passaram a aproveitar cada oportunidade das aulas e do campus para amadurecer a ideia. A imersão no Airbnb, um negócio que guarda óbvias semelhanças com o QuintoAndar, foi apenas uma delas. Aproveitaram a Design School of Stanford com o intuito de se aprofundar no estudo de *design thinking*.

Entre uma aula e outra, o dia a dia no vale do Silício era inspirador. Conheciam criadores de empresas míticas e chegaram a esbarrar com Steve Jobs no café Mayfield Bakery, o que por si foi uma lição extracurricular: quem criava esses fenômenos era simplesmente gente de carne e osso, com olheira e camiseta amassada. Por que os dois brasileiros de Minas Gerais, igualmente filhos de Deus, não fariam algo excepcional? Ironicamente, para que o QuintoAndar nascesse, um sócio precisou se tornar fiador do outro por meio de um pacto: "Ninguém aceita nenhum convite para entrevista de emprego. Vamos construir esse negócio".

Era terminar o MBA, voltar para o Brasil e conquistar o mercado a partir de Campinas, onde se instalariam, aproveitando os talentos de instituições como a Unicamp e os custos mais baixos de operação na comparação com a capital paulista. Criaram um *pitch deck* — apresentação no Power Point que explicita o modelo de negócios — contendo poucas palavras e conceitos claros do que achavam ruim e das melhorias a serem trazidas pelo projeto Dorothy. Em uma das telas, mostraram a home page do concorrente Zap Imóveis, para ilustrar o tópico "apresentação desagradável". Alguns investidores-anjo — aqueles que dão os primeiros cheques do negócio —, inclusive colegas do próprio MBA, gostaram. Ao longo de duas rodadas, fizeram aportes de 1,1 milhão de dólares, o bastante para começar. André recorda a sensação: "Voltamos confiantes. O Airbnb era um sucesso no mundo. O Cristo tinha decolado (na capa da revista *The Economist*).* Pensamos: vamos chegar lá e arrasar. Somos dois caras de Stanford. Captaremos dinheiro e faremos funcionar".

Porém, pouco depois do pouso no Aeroporto Internacional de São Paulo, em Guarulhos, uma realidade diferente começou a se impor.

Sem esperar pelo "mundo ideal"

O ano era 2012. Uma vez instalados em Campinas, André, que assumiu o cargo de CTO (Chief Technology Officer, ou diretor de tecnologia), se debruçou no desenvolvimento da platafor-

---

* A revista inglesa *The Economist* publicou, em novembro de 2009, tempo de otimismo na economia brasileira, a capa que transformava a estátua Cristo Redentor em um foguete, sob o título "Brazil Takes Off" (O Brasil decola). Em 2013, satirizou a própria capa com a estátua caindo e o título "Has Brazil Blown It?" (O Brasil estragou tudo?).

ma. Enquanto isso, Gabriel, o CEO (Chief Executive Officer, ou diretor-geral), levava o *pitch deck* até seguradoras e investidores maiores, e só tomava porta na cara. Se a apresentação funcionou para fisgar os primeiros anjos, não teve o mesmo efeito na busca de apoios mais relevantes.

Aos olhos de alguns fundos de investimento, a plataforma de aluguel sem necessidade de fiador era uma invenção utópica que jamais se sustentaria. Além disso, qual proprietário toparia fazer contrato imobiliário pela internet? Amigos e familiares bombardeavam a dupla de descrédito: se o negócio é tão viável, por que não foi feito por nenhuma imobiliária, que conhece o assunto? Por que dois rapazes sem experiência no ramo seriam capazes daquela proeza?

Com pouco dinheiro no bolso, só lhes restava começar como um site bem mais básico, sem todos os recursos planejados. Ganhou enfim o nome QuintoAndar (por soar simpático, sem significado especial) e incrementou a experiência de procura dos imóveis, com fotos melhores, sem aquelas imagens amadoras frequentemente escuras e mal compostas, com toalhas molhadas no boxe, louças na pia, tampas de privada levantadas, que viraram comuns em sites de aluguel e compra, nos quais o usuário é quem fornece o material. Em seguida tiveram início as visitas com corretores programadas pelo site, com a escolha de horários disponíveis, um ganho e tanto, pois já era possível entrar no site de madrugada e garantir a visita.

Fechar o negócio, porém, continuava sendo o puro creme da burocracia, com o costumeiro périplo por cartórios. Não existia também caixa para, naquele momento, derrubar a exigência do seguro-fiança, algo que sabiam só ser possível iniciar num médio prazo com a conquista de investidores robustos. O QuintoAndar continuava sendo um site de imóveis muito parecido com todos os outros.

Enquanto mais ninguém bancava a aventura, ela ao menos foi o suficiente para atrair alguns jovens talentosos, como Moacyr Pereira Neto, aluno da Unicamp, que entrou na função de desenvolvedor. "Eu tinha outra proposta de trabalho, mas eles me convenceram de que alguém acabaria fazendo uma plataforma de aluguel de imóveis daquele jeito", lembra. Anos depois, nos tempos de fartura, Moacyr virou *head* de engenharia, acima de mais de 140 profissionais.

O faturamento crescia medianamente, longe dos sonhos dos fundadores, que almejavam uma escalada exponencial ao estilo Airbnb. Em 2014, um fundo de investimentos finalmente piscou para a dupla de maneira mais séria e iniciou conversas que poderiam culminar num aporte substancial. Seria a salvação da lavoura: o dinheiro para a folha de pagamento dos 21 funcionários, espremidos em duas salas do tamanho de consultórios odontológicos, estava no fim. Após uma série de reuniões promissoras, a ansiedade de virar o jogo só aumentava. Até que o telefone de Gabriel tocou. Era o representante do fundo com a notícia desastrosa: "Cara, não vai rolar". O tempo parou por um instante e o ceo olhou para a turma ao seu lado, que seguia mandando ver no trabalho. "Fodeu!", pensou. Em silêncio, se levantou e chamou discretamente o sócio até um Starbucks próximo. Naquele momento, o QuintoAndar esteve bem perto da morte. Um olhou para o outro em clima de luto, e a dúvida inevitável foi verbalizada: "Vamos apertar o *eject*?". Até quando deveriam insistir em um teco-teco que não decolava? Só restava irem para suas casas, tomar um banho e esfriar a cabeça.

Acordaram decididos a continuar. Batalharam algum dinheiro com os investidores-anjo anteriores para seguir em frente e tomaram uma decisão difícil para equilibrar as despesas e as receitas: demitiram sete dos 21 funcionários.

Sobe!

É muito difícil que uma start-up entre em fase de crescimento acelerado sem receber as "rodadas de investimento" — quando um ou mais investidores adquirem um pedaço da empresa, quase sempre minoritário, em troca da injeção de capital. É nessa negociação que o valor de mercado de uma organização privada fica estabelecido, no equilíbrio entre o que o dono e o fundo acham que ela vale, após devassa nas contas. Assim, se forem pagos 10 milhões de dólares por 10% de participação, o valor da companhia foi estabelecido em 100 milhões de dólares, em uma explicação simplificada.

Cada etapa está ligada ao momento do negócio e costuma levar um nome. Não existem regras ou "tabelas", mas uma convenção média sobre os valores. Nas fases iniciais, que usualmente não passam de 2 milhões de dólares, são chamadas de "anjo" (ponto em que o negócio está engatinhando) ou semente (ao ganhar um pouco mais de corpo). Na sequência, vem a série A (em geral até 15 milhões de dólares), B (em geral até 30 milhões de dólares) e segue o alfabeto. O título de unicórnio costuma aparecer por volta da série D.

Pois o QuintoAndar demorou quatro anos para começar a provar essa sopa de letrinhas. A sonhada rodada de série A, liderada pela Kaszek Ventures, só veio em maio de 2016: 7 milhões de dólares. Havia tanta coisa para fazer com a bolada que não houve nem comemoração. "A gente logo se sentou para trabalhar. Não somos muito de festa", diz André.

No final do mesmo ano de 2016, a start-up passou enfim a bancar o seguro-fiança das transações, um passo desde sempre considerado fundamental para se diferenciar. Locadores e locatários celebraram a novidade. Outra iniciativa também crucial teve recepção diferente. Quando anunciaram que os contratos seriam fechados digitalmente, sem o processo dos cartórios, dois terços dos proprietários removeram seus imóveis do site. Os candidatos a inquilino, por sua vez, festejaram a novidade, a ponto de o número total de negócios fechados ter crescido, mesmo com a diminuição drástica de opções.

A partir daí, a empresa ascendeu rápido. Com uma tabela que embolsa integralmente o primeiro aluguel mais um percentual nos meses seguintes, dependendo da região — a mordida cai se as casas e apartamentos forem anunciados exclusivamente no QuintoAndar —, já atuava em 25 cidades brasileiras e fechava cerca de 4500 tratados por mês quando recebeu um investimento de 250 milhões de dólares. Com Softbank, General Atlantic, Kaszek e Dragoneer como investidores, os mineiros alcançaram a série D, e o QuintoAndar se tornou um unicórnio em setembro de 2019. Nos meses seguintes, passariam a testar novas possibilidades, como os *originals*, os imóveis reformados pela própria plataforma, a partir dos dados sobre o que os clientes finais mais desejam e a intermediação de compra e venda.

Gabriel resume a jornada: "Às vezes você tem um projeto bom, mas o mercado não te deixa implementar ou você depende de outros *players*. Fomos humildes ao sacrificar algumas coisas no começo e persistentes para colocar em prática aquela ideia inicial".

Ainda que, para tantos, essa ideia fosse simplesmente inviável.

2
A ideia "genial" que não vale nada

Movile, iFood

EM UM BANQUETE comemorativo à descoberta da América, Cristóvão Colombo ouviu o questionamento: na sua avaliação, caso nunca chegasse ao continente, outro navegador teria sido capaz de fazê-lo? Colombo respondeu desafiando os presentes. Pediu que tentassem apoiar um ovo de galinha em pé sobre a mesa. Ninguém conseguiu. O descobridor então bateu um ovo de leve na mesa, de modo a achatar sua base e conseguir que parasse de pé. Os presentes torceram o nariz: qualquer um poderia ter encontrado essa solução, que nada tinha de impossível. Sim, respondeu Colombo, mas era preciso que alguém o fizesse primeiro.

Há outras versões para a mesma história, mas foi dessa forma que virou lenda e atravessou séculos, ilustrando bem a fixação comum entre aspirantes a empreender. Qual o ovo de Colombo do momento, a ideia brilhante que ninguém pensou ainda e vai revolucionar o mercado?

A pergunta comum de quem acredita ter uma boa sacada é: "Quanto vale a minha ideia?".

Boa parte dos criadores de unicórnios já foi abordada no LinkedIn por dezenas ou centenas de empreendedores iniciantes. O discurso não varia muito: querem mostrar seus projetos, obter uma opinião qualificada, mas antes pedem que assinem um N.D.A. (Non Disclosure Agreement, ou acordo de não divulgação), de modo que seu lampejo de genialidade não seja copiado. A resposta que ouvem, claro, costuma ser nenhuma.

Na Endeavor, a cobiçada fundação de apoio a negócios em fase de ganho de escala (as já citadas *scale-ups*), o diretor de apoio a empreendedores Igor Piquet diz aos mais ansiosos: "Nós temos um algoritmo para medir o valor da sua ideia". O interlocutor se anima ao ouvir essa frase, antes de levar o balde de água fria: "É simples: a ideia não vale nada".

O que realmente tem valor, explica Igor, é a execução dessa ideia, a ser traduzida em diversos itens: o empenho em descobrir a tal "dor" do cliente, a contratação do time certo, a disposição de testar cada novo recurso e de recuar, e características pessoais, como obsessão e ter casca grossa para aguentar os trancos. Sem tudo isso, o QuintoAndar não teria chegado nem ao subsolo — o negócio, um dos mais originais do ecossistema brasileiro, surgiu da busca de uma dificuldade a ser superada, e não com uma maçã caindo na cabeça dos fundadores.

O erro como vantagem

Um dos unicórnios mais festejados por profissionais de tecnologia, a Movile (holding que reúne plataformas digitais) já foi estudada por pesquisadores de universidades como Harvard e Stanford, que escreveram *cases* sobre a companhia. Para o grande público, porém, é um nome pouco sonoro, bem menos conhecido que o das empresas que estão sob seu guarda-

-chuva. A maior delas é o iFood, por si só um unicórnio, e há também a Sympla (venda de ingressos on-line), a Zoop (soluções de pagamento), o Playkids (aplicativo de desenhos e joguinhos educativos para crianças), entre outras. São negócios que foram criados ali dentro ou adquiridos ao longo da trajetória da Movile, que resulta da fusão de companhias menores, algumas fundadas duas décadas atrás. Essa diversidade de plataformas reflete a aptidão da companhia para lidar com tentativa e erro.

Flávio Stecca, no grupo desde 2004, costuma dizer que uma empresa deve saber lidar com seus jet skis e com seus transatlânticos. Os primeiros são os projetos pequenos e novos, que, como as motos aquáticas, são mais ágeis e, quando tombam, se levantam com facilidade. É possível, portanto, aproveitar esse dinamismo para ser rápido e arriscar. Já os naviozões são os produtos consolidados, com grande mercado, faturamento alto e operações complexas, que precisam ser manejados com cautela extra, sob risco de afundar a operação. Saber diferenciar as duas coisas é o equilíbrio entre ser ao mesmo tempo ousado e consequente, dizem.

Esse conceito foi incorporado depois de caldos, afogamentos e mortes na praia. Em 2012, Eduardo Lins Henrique, cofundador da Movile, se instalou no vale do Silício para se conectar com as tendências do maior polo de inovação do mundo (título hoje disputado com a China). Tinha uma equipe de cinco pessoas e um orçamento modesto. Foi o ano da compra do Instagram pelo Facebook, e o time decidiu seguir a onda e criar o Photo Fun, que personalizava imagens de celular com molduras e legendas divertidas. Fracasso total. "Ninguém baixava a porcaria do Photo Fun", relata.

Eduardo foi apresentado a uma agência de marketing que prometeu 20 mil downloads, ao custo de 20 mil dólares. "Você fica em número um da App Store em sua categoria por um dia, todo mundo vai ver o aplicativo lá e ele permanecerá sempre no ranking", prometeu o atendente. A primeira parte deu certo: o programa liderou o ranking da loja on-line da Apple. No dia seguinte, porém, despencou para nunca mais retornar. A agência se valia de uma gambiarra: distribuir moedas dentro de um joguinho para quem baixasse o app do anúncio. Como só queriam saber de jogar, os usuários logo deletavam o ícone da tela do telefone. Lição aprendida: não adianta injetar anabolizante em algo não validado por quem importa, os clientes.

O outro tombo veio com o Zeewe TV, um app que a Movile julgava revolucionário: permitia compartilhar vídeos do YouTube com amigos dentro do Facebook, aproveitando-se de um dispositivo que a rede social de Mark Zuckerberg havia disponibilizado. "Demoramos cinco meses para implementar, entramos com patente, gastamos 100 mil dólares. Poucos dias depois do lançamento, o Facebook cortou esse recurso porque tinha aplicativos fazendo muito spam." Lição nova: era preciso ganhar velocidade, pois as coisas mudam o tempo todo nesse meio. "Pensamos: Não é nessa velocidade que a gente vai reinventar a empresa. Temos de andar mais rápido", lembra Eduardo.

Andreas Blazoudakis, então sócio da Movile, teve a ideia de usar de duas formas a estrutura criada nesse aplicativo de vídeos. De um lado, conseguiram vender para a Claro o produto Claro Minha TV, uma espécie de Netflix, na qual assinantes podem assistir a conteúdos licenciados. Em outra frente, pegariam a "casca do Zeewe TV" e lançariam aplicativos segmentados de canais audiovisuais, providenciando apenas o mínimo de desenvolvimento para cada um deles. É o conceito dos MVP (*minimum viable products*, ou produtos minimamente viáveis), feitos para testar a aceitação dos clientes e só depois disso aperfeiçoados.

A Movile tentou de tudo: apps especializados em vídeos de canções gospel, música sertaneja, funk, forró, stand-up comedy etc. Na estratégia de atirar para todo lado, investia-se quase nada de dinheiro, pois a maioria dos vídeos era puxada do YouTube nessa fase de sondar o terreno.

Em 48 horas nas mãos da equipe de tecnologia, nasceu o Canal Desenho. Era um aplicativo "tosquíssimo", na palavra dos criadores, com dez desenhos animados — como *Galinha Pintadinha*, cujo direito possuíam por outro serviço prestado para uma empresa de telefonia — e um botão para assinar. Na hora de estabelecer o preço, cada um sugeriu um valor, e Andreas chutou alto: 9,99 dólares. Os colegas acharam caro demais. "Você comeu bosta?", perguntou Eduardo. Ele insistiu que não custava tentar. Tentaram. E deu muito certo. Pais desesperados para entreter os filhos estavam dispostos a abrir a carteira. O espírito da coisa, afinal, era testar, testar e testar mais um pouco. O cliente deixa de apenas ter razão, ele vira o centro de tudo e, por meio de suas escolhas, "toma" as decisões pela empresa.

A plataforma infantil mal-acabada decolou em número de downloads, recebeu muitas avaliações cinco estrelas na App Store e, da sucata do Zeewe TV, após 29 tentativas de lançar um sucesso, nascia um produto promissor. Agora sim era tempo de caprichar: usaram toda a verba concedida pelo então CEO Fabricio Bloisi (3 mil dólares) para contratar o diretor de arte Alex Leão, que participou da criação da *Galinha*, e relançaram a ideia do Canal Desenho com um nome de sonoridade internacional: Playkids. Aos poucos, o programa aprimorou o conteúdo e ganhou uma curadoria educativa. No início de 2020, o app já estava disponível em sete idiomas, era baixado em 180 países e impactava 5 milhões de famílias a cada mês. Todos os outros jogados no lixo foram um aprendizado barato, que consumiu quantidade tolerável de tempo ou de dinheiro.

"Experiências assim acontecem toda hora, ainda hoje na Movile", diz Fabricio. "O único jeito de fazer é testando alguma coisa nova, colocando na prática, vendo os números, checando como a tecnologia reage, qual o nível de interesse gerado. A resposta em nove das dez vezes é 'isso não funciona'. Você precisa de gente inteligente, empreendedora e analítica que vai ajustar a rota e fazer de novo. Se cada aposta demorar seis meses, como acontece em empresas grandes, com verbas de milhões, a chance de perder o dinheiro é enorme e você ficará meio burocrático."

Essa conduta vale para as empresas pequenas ou gigantes. O transatlântico pode ter, dentro dele, seus jet skis, projetos menores que trazem novas oportunidades. É comum fazerem uma promoção ou apresentarem algo novo apenas para um bairro ou grupo de clientes. Isso acontece muito no iFood, do qual Fabricio também se tornou CEO. O delivery de compras de supermercado na mesma plataforma dos restaurantes, lançado em julho de 2019, teve um piloto seis meses antes, com três mercados em um único bairro. Só quando o recurso se mostrou vencedor decidiram que ele ganharia escala.

Obsessão desapegada

O paulistano Eduardo Gouveia não criou nenhum unicórnio, mas é um exemplo de empreendedor criativo que ilustra bem o desapego pragmático sobre as próprias ideias.

Depois de trabalhar dois anos no setor de compras da Ambev, o garoto formado em administração de empresas pelo Insper resolveu investir em negócios digitais e lançou meia dúzia de tentativas. Entre elas, em parceria com uma prima estilista, está a loja on-line especializada em um produto bastante original, que até patenteou: as cuelcinhas.

Em sua curta passagem pela Terra, cuelcinhas foram calcinhas adaptadas à anatomia masculina, de forma a acomodar todo o volume genital. Seria uma peça com apelo para homens gays, supunham os empreendedores, sob incentivo de um amigo entusiasta do projeto. Como ninguém pensou nisso antes?

Das máquinas de costura adquiridas para a empreitada saíram modelos com lacinhos, renda, estampas de oncinha e o que mais se pode esperar de uma invenção assim, em diversos tamanhos. Modelos, que tinham um cachê mais barato por seu rosto não aparecer na propaganda, foram fotografados com as peças. Oito meses depois, com 100 mil reais gastos e pouquíssimos pedidos, Eduardo encerrou o malfadado site.

Uma tentativa diferente mirava um público mais amplo, no segundo maior país cristão do mundo: o Canto da Fé, e-commerce para artigos religiosos, como velas e imagens de santos. A empreitada teve ótimo engajamento nas redes sociais, nas quais as mensagens de fé conquistaram muitas curtidas e compartilhamentos. Nas vendas, porém, o site permanecia no breu.

O que deu certo para Eduardo, enfim, foi uma plataforma taxada como sinistra por alguns conhecidos, chamada Coroas para Velório. O conceito surgiu depois que ele achou complicada a compra do arranjo fúnebre no velório de seu avô. Pôs a mão na massa trabalhando no próprio quarto e negociou o cadastro de floriculturas de todo o Brasil no site de vendas. "Enquanto a ideia da cuelcinha era recebida com entusiasmo quando explicávamos, a das coroas de flores provocava outra reação. Achavam loucura, improvável alguém querer comprar coroa de flores pela internet."

Eduardo não imaginava que o grande potencial do negócio não seriam parentes e amigos enlutados, mas os clientes corporativos. Agora que o ovo está parando em pé na mesa, parece óbvio: o e-commerce resolve um problemão nos setores de compras de companhias robustas. Elas não precisam mais se acertar com uma floricultura de todo canto do Brasil a cada morte de funcionário, parceiro ou familiar próximo de sua rede de relacionamentos. Ao ser cadastrado como fornecedor em instituições cheias de funcionários, Eduardo consegue um trunfo que não obteria com consumidores comuns: a recorrência da compra.

Em 2019, o faturamento foi de 19,2 milhões de reais, incluindo aí o site Laços Corporativos, com produtos mais agradáveis (como presentes para bebês recém-nascidos ou para o Dia da Secretária) destinados ao mesmo público empresarial. No ano seguinte, a quarentena imposta pela covid-19 chegou a aumentar a demanda em cinquenta por cento — impedidos de comparecer a velórios, muitos amigos e colegas optavam pelo envio da coroa para representá-los. Na mesma época, a plataforma mudou de nome para Laços para Sempre, a fim de criar uma marca um pouco mais sutil e menos genérica diante da disseminação de concorrentes.

O caminho adotado por ele repete algo valorizado entre os unicórnios: uma obsessão desapegada. "Obsessão" para trabalhar incansavelmente no intuito de fazer algo dar certo. "Desapegada" para deixar de lamber a cria quando o mercado provou por A mais B que não é o que o público deseja.

Ainda longe de ser bilionário, Eduardo construiu um negócio inovador e rentável, graças à disposição de colocar várias iniciativas em campo em vez de morrer abraçado a uma ideia fixa.

3
O cliente tem uma ideia melhor

Gympass

O ANO DE 2014 se mostrou tenso no Brasil do começo ao fim, com o marasmo na economia, a humilhante performance da seleção na Copa do Mundo e uma eleição presidencial raivosa, disputada voto a voto. Em um escritório na zona sul de São Paulo, Cesar Carvalho, João Thayro e Vinícius Ferriani, sócios no Gympass, viviam seu sete a um particular.

Quando foi fundado por eles, dois anos antes, o negócio parecia perfeito. Conheciam muita gente presa a longos contratos com academias de ginástica que pouco ou nunca frequentavam. Seria bem-aceito, portanto, um sistema no qual o cliente compra pela internet passes avulsos para treinar a qualquer hora, sem necessidade de matrícula ou mensalidade. Para o consumidor, era um nível inédito de liberdade. Para as academias, uma nova chance de receita e a possibilidade de fidelizar a freguesia depois dessa degustação.

Cesar se formou em administração na Universidade de São Paulo (USP) e trabalhou em empresas como a consultoria

McKinsey e a operadora de turismo CVC. Cogitou estrear no empreendedorismo montando o "McDonald's das kebaberias", mas foi dissuadido pelos amigos. A ideia do Gympass surgiu quando cursava um MBA na Universidade Harvard. Cesar decidiu aproveitar os três meses das férias de verão para fazer um piloto do negócio em São Paulo. Era preciso começar a trabalhar fora da prancheta e entender se o modelo teria ou não adesão.

Vinícius, engenheiro eletrônico pelo Instituto Tecnológico de Aeronáutica (ITA), fez o mesmo. Ele cursava outro MBA no Massachusetts Institute of Technology (MIT) e abriu mão das férias para participar do test drive. João se preparava para começar em um novo emprego, mas conseguiu adiar a data de início para se juntar à dupla.

Com uma pastinha na mão, eles percorreram bairros paulistanos em busca de espaços fitness que aderissem ao Gympass. Levaram uma semana para convencer o primeiro. Aos poucos, pegaram o jeito da venda e já tinham sessenta estabelecimentos ao final do trimestre de férias. Valeria seguir em frente? O modelo da empresa estava validado?

A verdade é que não havia uma resposta clara, a experiência não tinha nem dado muito errado nem muito certo. Como agir quando a fase de validação não indica o caminho a seguir, ao contrário dos exemplos anteriores? Os três se sentaram em torno de uma mesa, discutiram os sinais positivos e negativos e decidiram pagar para ver: abandonaram os outros compromissos e se fixaram em São Paulo com a missão de fazer o projeto acontecer.

Cesar se tornou o CEO. Vinícius cuidaria da tecnologia. Nos tempos de graduação, ele era considerado um geniozinho da sala (isso não é pouca coisa em lugar algum, ainda mais em uma turma do ITA). Um ex-colega conta que ele frequentemente deixava os companheiros em choque com o desempenho fora da curva.

O economista João, caçula do trio, na época com 25 anos, conhecia Cesar da empresa júnior da Faculdade de Economia, Administração e Contabilidade (FEA) da USP e havia sido indicado pelo veterano para uma vaga na CVC, onde estabeleceram uma boa relação profissional. Tornou-se o COO (Chief Operating Officer, ou diretor de operações).

O trio estava radiante com a start-up, e isso contagiava as pessoas ao redor. De cara, contaram com um investimento-anjo de Eduardo Brennand Campos, conhecido por fundar o Parafuzo, a Uber dos serviços domésticos. A imprensa se interessou rapidamente pela novidade, ainda em seu estágio inicial. O portal da revista *Exame* publicou uma nota objetiva sob o título "Jovens criam site de R$ 100 mil que vende diária em academia". Uma reportagem do SBT chamada "Ideias que podem virar ouro" entrevistou Cesar como um dos exemplos de grandes sacadas. Todo mundo via valor na iniciativa.

Só faltou combinar com os consumidores. A adesão era fraquíssima. Para evitar ilusões, os donos criaram uma métrica chamada "indicador de vendas de partes não relacionadas", que excluía os parentes e os amigos que adquiriram os passes com o intuito de dar aquela forcinha aos meninos batalhadores. Tentavam caçar clientes na unha, panfletando da avenida Paulista ao parque Ibirapuera. Os gatos-pingados que compravam as diárias dificilmente se matriculavam na academia, que logo se frustrava.

Meses se passaram e as anilhas não se sustentavam em nenhum dos dois lados da barra. "Estávamos virando praticamente um Groupon", lembra João. Era mortal a comparação com esse expoente da modinha de sites de compras coletivas, que explodiram no começo dos anos 2010 tanto no bom quanto no mau sentido do verbo: foram rapidamente do sucesso meteórico, ao oferecer descontos generosos e brindes, à quebradeira total, quando se notou a absoluta falta de recorrência da freguesia fugaz, que só queria um descontinho e nada mais com os estabelecimentos associados.

"E aí, a gente vai morrer na praia?", perguntaram-se os sócios em uma conversa dura, após um ano e alguns meses de fundação. O caixa seguia franzino e os investidores não se mostravam atraídos para uma nova rodada de investimento. "Não tínhamos dinheiro para pagar salário", lembra João. Foi preciso fazer um corte drástico. Dos quinze funcionários, restaram seis. Tiveram de dispensar os melhores vendedores, responsáveis por atrair academias, e, portanto um motor de crescimento, por terem os maiores ganhos. "Estou sendo mandado embora por ter feito bem o meu trabalho?", perguntou, incrédulo, um deles, ao receber a notícia de João. "Cara...", ele suspirou, sem saber o que dizer. "É isso."

Diversas tentativas de remodelar o negócio foram feitas. A mais promissora foi uma carteirinha com diárias ilimitadas para que os associados usassem toda a rede credenciada no momento em que quisessem, sob pagamento de uma mensalidade — um passo atrás na inovação de só cobrar por dia de serviço utilizado. A clientela curtiu e as vendas enfim ganharam tração. Na outra ponta, porém, os estabelecimentos começaram a se queixar: bancar o passe livre saía mais barato que assinar um contrato com a unidade, e o Gympass se tornou apenas um meio barato para que os frequentadores continuassem indo ao mesmo lugar, em uma insensata canibalização. "Você está roubando os meus clientes", ouviam os vendedores.

Eis que a sorte chegou à caixa de e-mail da equipe de vendas. A mensagem, de uma analista do departamento de recursos humanos da consultoria PricewaterhouseCoopers (PwC), checava a possibilidade de criar uma parceria com o Gympass. A empresa mantinha políticas desiguais de incentivo a atividades físicas nas quinze cidades onde atuava: em uma, bancava aluguel de quadra de futebol; em outra, reembolsava gastos com academia; em algumas praças não oferecia nada. Ter um único parceiro significava uma abordagem mais justa para os profissionais de todos os cantos.

O Gympass não dispunha de um produto de benefício corporativo, mas logo enxergou a oportunidade. Imagine ganhar centenas ou milhares de pessoas numa tacada só, pensaram. As negociações seguiram com o diretor de Recursos Humanos da PwC na época, Marcelo Sartori. A adesão dos funcionários foi boa, fez triplicar o número de usuários, e as academias próximas aos escritórios da consultoria mostraram entusiasmo: enfim, receberam um público diferente. A start-up tinha parado de pregar para convertidos, trazendo um valor real na cadeia: gente nova, dinheiro novo. Além disso, como empregadores costumam pensar duas vezes antes de voltar atrás nos benefícios, evitando uma reação coletiva ruim, é um tipo de contrato com força para sobreviver até as trocas de gestão das companhias.

Estava claro: o caminho era atuar no modelo B2B (Business to Business, empresa para empresa), e não B2C (Business to Consumer, empresa para consumidor final). Uma epifania que não veio do conhecimento adquirido na USP, no ITA, em Harvard ou no MIT, mas porque a equipe fez algo simples: prestou atenção no e-mail de um desconhecido, que poderia ter ficado perdido na caixa de entrada, e se dispôs a inventar um produto inexistente na prateleira para resolver a "dor" do contratante, que não era barriga flácida ou panturrilha fina, mas política desigual de benefícios. Mais do que isso: cuidar da experiência do usuário não é apenas lançar perguntas e colher respostas, mas dar atenção a questionamentos que chegam de forma inesperada.

"No começo, você tem de estar com os olhos muito abertos, prestando atenção em tudo o que está acontecendo dentro do negócio: falando com o cliente, falando com o fornecedor, falando com os funcionários", reforçou Cesar Carvalho em uma entrevista.

Recalculada a rota, em pouco tempo o acaso ajudou em um novo salto. Mineiro de Boa Esperança, João sempre morou em república. Havia um quarto vago no apartamento onde vivia nas proximidades da avenida Paulista, e ele fez um anúncio na internet. Na visita ao imóvel, um dos candidatos a morador ficou interessado quando João contou que "trabalhavam em uma empresa chamada Gympass", que agora operava como benefício. "O trabalho que devo apresentar como trainee da Unilever é a criação de um programa de qualidade de vida", contou o rapaz. Ele não se mudou para o apartamento, "que era muito ruim", mas os dois selaram uma parceria profissional.

A negociação com a multinacional levou nove meses. Diante da perspectiva de ter uma firma desse tamanho, foi possível fechar com uma rede badalada, a Companhia Athletica. Ficou definido o modelo de negócio como é hoje: o empregador paga um valor fixo conforme seu porte e cada profissional pode aderir a planos de diferentes níveis com um grande desconto. O Gympass remunera a academia a cada visita dos usuários.

Agora, as duas pontas estavam contentes, mas ainda não era hora de abrir o champanhe. A conta explodiu justamente para o lado da start-up. A Unilever comunicou tão bem a novidade que 65 por cento dos empregados elegíveis aderiram ao passe na primeira semana, algo ótimo para a receita do Gympass, mas também usaram em massa a novidade, o que fez as despesas dispararem. Era como se o caixa trincasse a cada vez que um funcionário da Unilever passasse pela roleta para fazer uma série de abdominais. Foi preciso retardar um pouco a ampliação e se debruçar sobre métricas para calcular um preço sustentável a ser cobrado.

Deu certo. O triângulo clientes-empresas-plataforma se equilibrou e o negócio enfim ganhou tração. Em 2015, realizaram um desejo cultivado desde o começo, de ter mais academias no portfólio que as cerca de 5 mil estrelas visíveis a olho nu. A nova rodada de investimento chegou apenas em 2016 (parte dela para bancar o financiamento de Cesar para estudar em Harvard, que ainda tinha parcelas pendentes), o que iniciou um ciclo de crescimento vertiginoso. No meio desse furacão, em janeiro de 2017, Marcelo Sartori, o homem do RH da PwC, assumiu o posto de diretor de pessoas da start-up. Uma vez lá dentro, vivenciou os aspectos dinâmicos e também atropelados, inerentes a uma fase *Velozes e furiosos* da empreitada. Passou um ano no cargo, até decidir se afastar, conforme conta:

> Se na Price eu tinha aprendido muito sobre a importância do planejamento, no Gympass o ensinamento foi no campo da execução, de fazer acontecer do jeito que dá, mesmo quando não há recursos suficientes. Você constrói rapidamente e depois arruma a casa. Isso foi ótimo, mas acabei percebendo que o lugar não era para mim. Exemplo: em uma grande empresa, você leva um ano para criar uma boa estrutura de cargos e salários, mas em uma start-up naquela fase o espírito é fazer em quinze dias, sem aprofundamento e sem levar em conta que, com um mês a mais de trabalho, haveria bem menos problemas. Eu acredito que a beleza está no equilíbrio. Não me adaptei, mas o que aprendi lá foi fundamental para o que veio depois na minha carreira.

O Gympass recebeu mais uma grande injeção de dinheiro em 2019. Foram 300 milhões de dólares em uma rodada liderada pelo Softbank, que trouxe de brinde o status de unicórnio. Mesmo antes de ficar com o corpo dos sonhos em território nacional (o aplicativo, por exemplo, ainda tem muito a ser aperfeiçoado), a start-up decidiu que havia um mundo a desbravar e chegou a países da América Latina, da Europa e aos Estados Unidos. No início de 2020, já eram 52 900 academias em catorze nações, menos da metade delas (23 100) no Brasil. Meses antes do réveillon, uma bateria de escola de samba fez barulho na sede da Vila Olímpia para celebrar a inclusão da academia Bodytech na rede da plataforma, um parceiro cobiçado desde o início. Era o Gympass se consolidando também entre academias de elite. Àquela altura, o portfólio de empregadores parceiros já incluía o banco Santander, a companhia de coleta de lixo Loga, além de unicórnios como Loggi, Stone, iFood e, no maior contrato firmado, 600 mil motoristas da 99. "Nunca fizemos algo nessa escala, e um dos desafios foi pensar qual nível de engajamento com a 99 um condutor precisaria ter para ser elegível ao benefício. É muita gente", explica o CEO Leandro Caldeira.

Graças à presença em países afetados primeiro pela pandemia da covid-19, como a Itália, o Gympass começou a tomar providências antes que a maior parte dos unicórnios. Com academias fechadas no mundo todo, o negócio poderia hibernar por meses. "Tivemos de nos tornar ainda mais ágeis", diz Leandro. Foram montadas comissões separadas de defesa e de ataque com a elite dos executivos. Os "defensores" tiveram de pensar rápido em medidas de contenção de custos, o que envolveu demissões de quase vinte por cento do quadro de funcionários, já que parte das atividades seria interrompida por meses. Os atacantes tiveram de virar a plataforma do avesso.

Criariam um *hub* para as academias parceiras oferecerem aulas on-line, aproveitando a demanda das pessoas em quarentena e a preocupação das empresas com a saúde mental de seus funcionários. Serviços como terapia e consultoria de nutrição foram incluídos no pacote. Contratados, influenciadores como a modelo Rafa Kalimann e o ator Bruno Gagliasso participaram de aulas on-line. Uma nova frente de oportunidades se abriu. Em algumas semanas, a empresa retomou contratações.

A correria não tinha apenas o objetivo de cuidar do próprio caixa. Era preciso oferecer uma alternativa de renda para as academias não morrerem. O setor foi um dos mais afetados no país pela crise do novo coronavírus, o que acendeu um sinal de alerta no Gympass. Esta é uma máxima que estará presente em capítulos mais adiante: ainda que existam conflitos por taxas e outros temas, as plataformas digitais só serão bem-sucedidas se os negócios de seus parceiros também estiverem bem de saúde. É preciso pensar no todo.

4
A alquimia da sociedade ideal

Ebanx, Loggi, Nubank

QUANDO O CURITIBANO Alphonse Voigt pulou de paraquedas sobre a praia de Paranaguá, do alto de 3 mil pés e da experiência de cerca de mil saltos realizados com sucesso, era grande o peso emocional em suas costas.

Sua empresa Lotobras, de promoção de bingos, havia quebrado diante do veto ao jogo no Brasil. Com o objetivo de recomeçar a vida, apostou na organização de um show da dupla sertaneja Bruno & Marrone para 30 mil pessoas no estádio do Paraná Clube, mas, em meio a uma temporada de chuvas torrenciais, nem 5 mil ingressos foram vendidos e ele aprofundou ainda mais o saldo negativo. Para piorar, sua mãe havia decidido pelo divórcio depois de trinta anos de casamento com seu pai, que entrou em depressão. Esportista radical, o jovem então com trinta e poucos anos pensou: "Preciso esfriar a cabeça". E assim decolou para o salto.

O paraquedas era um desses modelos curtos e rápidos, destinado a saltadores experientes, como ele. Abriu normalmente, como em todas as outras vezes em que havia pulado. Deveria apenas manobrar o artefato e aterrissar sobre o alvo pretendido. Na hora do pouso, porém, algumas cenas de aglomeração perto do local escolhido o distraíram e ele não conseguiu acionar o sistema de frenagem adequadamente. Chocou-se direto contra o chão, a 120 quilômetros por hora. A sensação foi de tragédia. "Senti um tranco nas costas e notei na hora que tinha quebrado a coluna." Um pouco depois, colocou as mãos abaixo da cintura e não sentiu as pernas. Apanhou o celular e ligou para o pai. No hospital, o primeiro médico disse: "Você nunca mais vai andar". Era fratura exposta na coluna. "Tira esse cara daqui, que esse cara não sabe nada",* se queixou. Um cirurgião que o conhecia, plantonista do momento, deu outro parecer: "Vou te operar e a gente vai sair dessa juntos".

E assim foi. Em cerca de um ano e dois meses, Alphonse já conseguia andar sem muletas, em grande parte graças à obsessão pelas sessões de fisioterapia. "Tive a chance de voltar a andar e aproveitei bem. Mas tenho amigos que se tornaram cadeirantes e estão felizes da vida, praticam esportes. Eu estava feliz por ter sobrevivido." Algumas sequelas persistem: caminha devagar e não pode correr, mas voltou aos esportes radicais como praticante de pesca submarina.

Foi andando com dificuldade que Alphonse entrou em uma aula sobre desenvolvimento mental, a partir de reflexões de pensadores a exemplo de Pitágoras, Sócrates e Platão, em 2007. Como se tornou apresentador de programas esportivos na TV paranaense, devido ao vigoroso carisma, era um rosto conhecido dos presentes na sala. Mas não para o professor Wagner Ruiz, que vinha de São Paulo. Economista formado

---

* Palestra no evento Day 1, da Endeavor. Disponível em: <bit.ly/3g4h1Em>. Acesso em: jan. 2020.

pela Universidade Mackenzie e empreendedor serial, Wagner era autodidata nos estudos de filosofia. Os dois se deram bem e, tempos depois, se juntaram a outros sócios na Astropay, processadora de apostas em jogos de pôquer.

Como trabalharam bem juntos, Alphonse pensou logo no nome de Wagner quando teve a ideia de montar em 2012 o Ebanx, uma empresa de tecnologia que processa as compras de consumidores brasileiros em sites estrangeiros, sejam elas feitas por cartão de crédito, débito ou boleto bancário.

A sacada veio quando um amigo uruguaio reclamava que não conseguia vender seus produtos aqui porque boa parte dos clientes não tinha cartão internacional e queria "esse tal de boleto", modalidade incomum fora do Brasil. Ele percebeu que gigantes do e-commerce mundial tinham a mesma dificuldade de acessar o mercado consumidor brasileiro, com boa parte da população desprovida até de conta em banco, quanto mais de um cartão Visa ou Mastercard. Se isso era empecilho para os negócios de grandões como a Amazon, oferecer a cura só podia ser um negócio excepcionalmente rentável.

"Vamos atacar esse problema e rapidamente traremos a Amazon para o negócio", animou-se Alphonse, um ótimo vendedor de sonhos — e, por essa característica, o CEO natural da companhia. Wagner seria o CFO (Chief Financial Officer, ou diretor financeiro).

Faltava alguém para comandar a tecnologia, então a dupla bateu às portas da agência Polvo, que cuidava do sistema da Astropay. Queriam que o fundador Antonio Maganhotte Junior se juntasse a eles. Antonio topou entrar como sócio, mas, para surpresa de Alphonse, foi outro dono da agência o designado para trabalhar no novo negócio: João del Valle.

Estava formado o trio parada dura do Ebanx, fintech que viria a se tornar, sete anos depois, em outubro de 2019, o décimo unicórnio brasileiro. Como não existe algoritmo nem casamenteira para arranjar sócio, o acaso cumpriu bem sua missão. Os três têm como norte comum o trabalho duro, mas são distintos na formação, no estilo e no temperamento. Quando avaliam o potencial de uma start-up, os investidores sempre olham para isto: o quão complementares são os fundadores em suas experiências, já que cada um vai liderar uma frente essencial. Figurinha repetida, desperdício de energia. Se houver diversidade de estilos, melhor ainda.

Da lista de "princípios do Ebanx" (sonho grande, orientação a resultados, comprometimento, persistência e conhecimento), da qual todos comungam, cada um personifica com mais precisão um deles. Alphonse é o "sonho grande"; João, a "orientação a resultados"; Wagner, o "comprometimento".

Obstinação é uma característica que cairia bem para todos. Wagner nunca se acidentou de paraquedas, mas tem uma rotina de dedicação radical. Como a família segue morando em São Paulo, ele vive na ponte aérea com Curitiba, mas nem sempre recorre a hotéis. Um segredo relativamente bem guardado é que costuma dormir em sua sala, com frigobar retrô e um banheiro privativo com chuveiro. Um móvel discreto que parece uma adega guarda camisas e outras peças de roupa penduradas em cabides. Uma mala fica discretamente posicionada ao lado, com mais peças. Pode trabalhar da manhã até a madrugada, pegar no sono no sofá, quando todos já foram embora, e, se quiser, passar dias sem sair do prédio. O mesmo nível de dedicação usou numa dieta há dois anos. Ao se ver em uma foto muito barrigudo, com o cinto retorcido no passador da calça, fez um regime extremo, que eliminou quarenta de seus 120 quilos. Chegava a passar o dia inteiro comendo apenas ovos cozidos.

Vale o consenso

Nenhuma das dez companhias que compõem este livro nasceu com um empreendedor solitário. Todas têm sócios. Em alguns casos, contrariam também a lógica das sociedades iniciadas entre amigos e parentes.

João del Valle não chegava a ser um completo desconhecido, mas os novos parceiros sabiam pouco sobre ele. "Formou-se um triângulo que considero ter certa magia nesse negócio. A gente é complementar na parte técnica, mas também em ponto de vista, e isso acabou sendo essencial para a empresa", diz Wagner.

As decisões são tomadas por consenso. Se um deles não estiver convencido, nada feito. Anos atrás um conselheiro disse que, ao agir assim, alongariam o tempo das escolhas, mas que elas seriam muito mais maduras.

"Não é um casamento perfeito, nem sei se existe isso. A gente briga pra cacete, fica puto, já quase falou que ia parar de brincar. Podemos parecer um trio super-harmônico, mas não dá para ter harmonia (*o tempo todo*) quando sentam caras totalmente diferentes do seu lado. Não tem essa de família feliz, a vida é dura. É uma relação intensa, mas você aprende que tem uma coisa maior que você, a empresa", diz o CEO.

Fora da sede, muita gente cita a coesão do comando do Ebanx como exemplar. Quem olha de perto percebe que o sucesso não está ligado à ausência de atritos, mas ao triunfo sobre eles. João se lembra de ter se irritado com Alphonse em conversas ríspidas no ano de fundação. Em um desses dias, o CEO quis orientá-lo de maneira afoita na redação dos códigos da plataforma, e o expert em tecnologia não achou a mínima graça.

Ele disse: "Não pode ser assim, tem que ter um tracinho embaixo aqui". Daquele jeitão impaciente dele. Olhei para o lado e pensei: Não é possível que estou levando bronca desse animal. Eu aqui, no alto da minha experiência, não vou ficar defendendo obviedades. Eu ia para casa um pouco frustrado. E essas coisas foram levando tempo. Em contraponto, algumas ideias a gente comprava cegamente do outro, e isso é legal. Coisas que não sei se são o melhor, mas que vou fazer porque o outro acredita nisso [...]. Soubemos entender que era preciso uma relação de amizade. A nossa união tem que estar acima de tudo. A transparência entre os três não pode ser quebrada, porque sabemos que todos estão dedicando o sangue. Então a gente critica, briga e tudo mais, mas depois volta e vê: Olha o piano que o desgraçado está carregando! Você não desenha uma amizade de propósito, mas com boa intenção, boa vontade e honestidade conseguimos desenvolver essa relação.

As salas próprias são incomuns em grandes start-ups. Em geral, a chefia fica misturada aos demais. No Ebanx, cada membro do trio tem seu próprio escritório — o de Alphonse fica em andar diferente dos outros. A verdade é que eles teriam dificuldade em conviver lado a lado. João gosta de ambientes quietos, enquanto Wagner fala alto. Quando há problemas sérios, um fundador chama os outros dois mosqueteiros para que decidam o caminho a seguir.

Uma das principais dúvidas foi abrir ou não as portas para um fundo de investimento, algo que demoraram a fazer — outra singularidade da fintech curitibana. A maioria das empresas desse meio sonha com aportes graúdos para poder dar saltos, mas o Ebanx era lucrativo desde o início e não havia nenhum desespero por capital.

Mais que o dinheiro, o know-how externo poderia ajudar no crescimento. Além disso, vender uma fração da companhia significava colocar um bom dinheiro no bolso. O ousado Alphonse era favorável. João e Wagner, a princípio, tinham reservas à ideia. Só no o.k. de todos é que fecharam a rodada de 30 milhões de dólares liderada pelo FTV Capital em janeiro de 2018.

Em outubro de 2019, o Ebanx anunciou que o mesmo fundo fez um novo aporte, no qual a empresa acabou "valorada" em 1 bilhão de dólares. Ou seja, virou unicórnio, mas não revelou que valor era esse. Foi algo em torno de 50 milhões de dólares por cerca de cinco por cento da companhia. Os fundadores seguiram com aproximadamente 75 por cento.

Líderes ou seguidores?

E nada para pôr à prova a coesão de uma sociedade como um momento difícil, em que a oportunidade parece escorrer pelas mãos.

Um dos maiores desafios do trio aconteceu no difícil processo seletivo para que se tornassem "empreendedores Endeavor", logo no primeiro ano da companhia. Fazer parte da instituição significava mudar de status, aprender com empresários consagrados e ganhar credibilidade dos parceiros. O ingresso na ONG passa pela anuência internacional, e a banca, em Miami, jogou duro. "No mundo, existem dois tipos de pessoas: os líderes e os seguidores", disse a eles Edgar Bronfman Jr., presidente do Conselho da Endeavor Global. "Para mim, vocês parecem apenas seguidores", completou.

Não era um blefe. Na entrevista, os três realmente não convenceram os avaliadores a aprová-los. O faturamento se restringia a poucos milhões de reais. O placar provisório contabilizava dois votos "sim" ante quatro votos "não", inclusive o da rigorosa Verônica Allende Serra, sócia de Jorge Paulo Lemann no fundo Innova Capital.

Saíram para um intervalo, engoliram o desaforo, mantiveram-se unidos e decidiram voltar de cabeça erguida. Em uma nova explanação, disseram que tinham o sonho de ver o nome do Ebanx no topo de um prédio, como as corporações vitoriosas que reluzem no horizonte daquela cidade da Flórida onde acontecia a seleção. Depois de um jantar, conversaram com Verônica, que se convenceu sobre o modelo do negócio e acabou mudando o voto de "não" para "sim", e foi seguida pelos demais. Na primeira apresentação, de 45 minutos, eles haviam se atrapalhado para explicar o negócio. Ela relembra a decisão: "Há uma questão de a entrevista ser em inglês e ter muito pouco tempo. Depois que conversamos, ficou mais claro para mim. Então tive uma visão mais detalhada dos riscos e oportunidades e foi isso que defendi na banca".

Acabaram aprovados, tornando-se os empreendedores da menor empresa brasileira a ser aceita na Endeavor, um marco que abriu portas para os negócios do Ebanx, mais tarde dona de um portfólio de clientes relevante, que vai de Alibaba a Spotify. Hoje, o nome Ebanx brilha num letreiro no topo do Centro Comercial Itália, na região central de Curitiba, e nas faturas de cartão de crédito de consumidores do Brasil, da Argentina, do México, do Chile, do Peru, da Bolívia, do Equador e da Colômbia.

Prazer. Quer ser meu sócio?

Em São Paulo, a mais de quatrocentos quilômetros do curitibano Ebanx, uma outra parceria dava origem à start-up de logística Loggi, que se tornou conhecida na paisagem das grandes cidades pelos motoqueiros carregando baús azuis com o desenho de uma lebre. Qualquer usuário — seja pessoa física ou jurídica — que baixar o aplicativo pode enviar um documento, uma peça de roupa, um presente de aniversário ou qualquer outro item de um bairro a outro, como um serviço de motoboys digital. Essa é, porém, apenas a ponta do iceberg da companhia, que se propõe a uma tarefa muito mais ambiciosa e complexa: interligar o Brasil por meio de tecnologia e múltiplos modais de transporte, como aviões, vans e carros. É, para muitos, uma versão mais moderna dos Correios. Enquanto gigantes do comércio eletrônico duelam centavo a centavo para vender suas mercadorias aos clientes, a Loggi fatura por todos os lados, cuidando das entregas de grandes empresas como Mercado Livre e Dafiti. "Existe uma corrida do ouro, e nós estamos vendendo as pás", diz o CEO Fabien Mendez. Durante a pandemia da covid-19, Fabien declarou que estava operando em ritmo de "Black Friday" diante do boom do e-commerce, o que compensou a queda dos serviços para grandes escritórios.

No comando da companhia estão sócios cuja parceria nasceu praticamente de um encontro às cegas. Arthur Debert havia estudado economia na USP e, depois, cinema na Fundação Armando Alvares Penteado (Faap). Estava esperando o início das filmagens de *Carandiru*, de Hector Babenco, no qual trabalharia como assistente de produção, quando leu um livro sobre programação e se interessou pela área, em que fez carreira.

Em 2013, acumulava alguns cargos de liderança em tecnologia, quando um amigo o procurou falando de um jovem empreendedor, o Fabien. "Olha, tem um francês aqui, que é um cara de negócios, mas é muito inteligente. Tinha o *mas*, porque esse amigo também é engenheiro e tínhamos uma visão muito pessimista em relação às pessoas de negócio", recorda Arthur.

Nascido em uma vila de pescadores na Riviera Francesa, Fabien conheceu o Brasil em 2007, quando parte de sua graduação em finanças e estratégia pela Sciences Po, de Paris, foi feita na Fundação Getúlio Vargas, em São Paulo. Voltou anos depois contratado por um banco internacional e, em 2012, montou a empresa GoJames, um modelo parecido com o da Uber, no auge da polêmica sobre esse tipo de transporte. Quebrou em um ano. "Foi um bom tapa na cara."

Passou três dias deprimido no sofá da casa de um amigo no Rio de Janeiro e voltou decidido a criar a plataforma de logística Loggi, que no princípio conectava apenas entregadores de moto. Hoje envolve os mais diferentes modais e tem até centro de distribuição próprio.

Da tentativa malfadada do GoJames, trouxe uma lição: nunca terceirizar a produção de tecnologia. "O principal erro foi pensar que tecnologia era uma commodity, quando ela é, na verdade, a parte mais complexa de tudo. Alguns amigos querem montar um negócio e falam: 'Tem algum programador?'. Não é assim. É como querer construir um bom prédio e dizer: 'Você tem um bom eletricista?', antes de pensar no engenheiro, no arquiteto."

Para sua surpresa, em apenas duas semanas alguns investidores-anjo toparam embarcar no projeto, apresentado em treze slides de Power Point, e ele captou 2,5 milhões de reais. "Mal acreditava." Faltava agora encontrar um cofundador na área de tecnologia. A conversa com Arthur foi a melhor. Gostou do estilo curioso, interessado em temas que vão de filosofia a política, e percebeu que os dois tinham em comum "uma visão cínica do mundo". Arthur também se animou: "Eu gostei da ideia, achei ele muito inteligente e corajoso". Com uma acentuada assertividade, Arthur, o entrevistado, conduziu o restante da conversa.

Fabien Você está interessado?
Arthur Estou.
Fabien Então qual você acha que é o próximo passo?
Arthur Olha, você tem que arrumar uma pessoa para me entrevistar tecnicamente, porque você não tem condição de saber se eu sou *full of shit* (*enrolador*), se eu estou mentindo, você não tem como discernir a minha qualidade técnica. Arruma alguém que você respeita tecnicamente para fazer uma avaliação.

Fabien topou o desafio e escalou um engenheiro que trabalha na Amazon. Ele aprovou o CTO. "E agora, o que a gente faz?", perguntou o francês. "Agora a gente vai para um bar, enche a cara de cachaça, come linguiça e vê se no final da noite a gente se atura. É um casamento. Se a gente não gostar de conversar um com o outro, não tem como isso ir pra frente."

Assim, foram para um bar almofadinha "horroroso" no Itaim e, em quinze minutos, escaparam "para um botecão". Ficaram até o lugar fechar. Dois dias depois, selaram a sociedade.

Recrute seu sócio

Se a Loggi se tornou a nova cara da logística no Brasil, no setor bancário ninguém passou a simbolizar tão bem o novo quanto o Nubank. A quarentena, quando mais gente precisou resolver os problemas pela internet, sem poder ir para a rua, só acelerou seu vertiginoso crescimento: passou de 20 milhões para 25 milhões de clientes entre janeiro e o início de junho de 2020. Dias depois, recebeu uma nova validação: foi a instituição brasileira mais bem avaliada pelos próprios clientes na lista global dos melhores bancos da revista *Forbes*.

A iniciativa de criar um negócio assim, sem agências físicas e com cartão de crédito sem anuidade, veio do CEO David Vélez, colombiano que é um bom exemplo para a expressão "empreendedor nato". Nascido em 1981, em Medellín, aos cinco anos de idade já brincava no "controle de qualidade" da fábrica da família, que produzia botões metálicos e etiquetas de couro para calças. Ajudava a separar as peças defeituosas e, em troca, ganhava o dinheiro do lanche. Aos doze anos, comprou uma vaca do pai, cuidou dela até que desse cria e, aos dezoito anos, tinha seis cabeças, que vendeu por seiscentos dólares para chegar de bolso um pouco mais cheio à graduação em engenharia na Universidade Stanford, na Califórnia.

Acostumado a cavar oportunidades desde cedo, David alimentava o sonho de empreender ao se mudar para o Brasil em 2008, como *partner* da investidora Sequoia Capital. As reuniões com os empreendedores para tratar dos aportes que faria eram invariavelmente frustrantes, pois o tempo todo sentia vontade de estar do outro lado da mesa, o dos donos do negócio, com a mão na massa. "Sempre achava o lado de lá mais desafiador, que criava impacto", recorda. Enxergou na burocracia brasileira um lugar perfeito para desbravadores: penou até conseguir comprar uma linha de celular pós-pago e teve de adiantar doze meses de pagamento antes de fechar a locação de um apartamento em Moema.

Um dia, se encantou com o setor bancário brasileiro de forma reversa, não por suas qualidades, mas por enxergar as "dores" do sistema. Ao tentar abrir conta-corrente em uma agência do HSBC na avenida Faria Lima, relata, odiou toda a experiência, do número de documentos à chateação do detector de metais. Segundo recorda, levou ao menos quatro visitas para virar correntista. Está aí um setor que pode ser melhorado no Brasil, pensou.

Desaconselhado por dezenas de pessoas a entrar em competição com os grandes bancos, o colombiano topou encarar a analogia inevitável de Davi e Golias. Dispôs-se a investir por volta de 250 mil dólares, mais da metade do pé de meia conquistado. Mas faltavam os dois sócios: precisava de algum faixa preta no setor bancário brasileiro e outro craque para tocar a tecnologia.

David tinha como foco encontrar um trio diverso, semelhante ao do Ebanx. Como investidor, conheceu uma série de sociedades conflituosas e ineficientes entre amigos devido a semelhanças no comando. "Um erro comum era fazer sociedade com alguém muito parecido com você. Normalmente somos amigos das pessoas parecidas conosco. A equipe tem de ser diversa. Cada um traz alguma coisa à mesa."

Foram três meses tomando cafezinhos. "Me encontrei com umas setenta pessoas." Preencher as duas posições foi tarefa dura. As conversas não davam *match*. Ou David se desinteressava pelos perfis ou os interlocutores consideravam natimorta a missão de disputar espaço no concentrado setor bancário brasileiro. Entre as exceções que viam potencial na empreitada, poucos embarcavam no espírito de plantar agora para só colher no futuro. Ao convidar um experiente executivo de banco, ouviu a exigência de manter o salário de 1 milhão de reais por ano. David queria gente com outra cabeça, que fizesse ao lado dele a aposta de criar algo grande.

A conversa com Cristina Junqueira fluiu de forma bem diferente. Profissional detalhista, apaixonada pelo alto padrão de atendimento da Disney e por montar quebra-cabeças, ela é formada em engenharia de produção pela USP, com mestrado na mesma instituição e MBA na Universidade Northwestern.

Havia se demitido do Itaú dois meses antes e queria repensar a carreira depois de algumas insatisfações no papel de gerente da área de cartões de crédito. David adorou a conversa e procurou ex-chefes e ex-colegas para saber mais sobre ela.

Um profissional do Itaú foi enfático em uma ressalva sobre ela: "Se tivesse que descrever a Cris como um estado da matéria, seria o gasoso. Ela preenche qualquer vácuo em uma sala. Qualquer coisa que alguém não esteja tocando, ela vai lá e pega". As palavras soaram como música clássica para David. "Mas isso é ótimo! Por que seria negativo?", devolveu. "É que isso gera muito atrito com as pessoas." O colombiano deu de ombros e concluiu: "Trata-se claramente de alguém sem politicagem. Teremos tanto trabalho que um perfil assim será perfeito".

O outro sócio, Edward Wible, americano de Mission Viejo, na Califórnia, foi entrevistado por videoconferência por David. Os dois tinham um amigo em comum e uma frase que David frequentemente ouvia sobre ele era "uma das pessoas mais inteligentes que eu conheço". Formado em computação na Universidade Princeton, com MBA na francesa Insead e passagem pelo Boston Consulting Group, nunca havia atuado como CTO. Mas, ao contrário de outros profissionais da área que torciam o nariz para a ideia de comprar briga com grandes bancos, Edward topou rápido. "Estou dentro", respondeu. "Então vem para o Brasil e você me ajuda a construir um time de engenharia."

Sem saber que Edward estava presente em uma reunião, o investidor Doug Leone, da Sequoia, torceu o nariz para o currículo do rapaz. "Ele não pode ser CTO, não tem experiência", disse, segundo relembra David. O americano deu um sorriso amarelo. Desfeita a saia justa, o investidor o colocou em contato com gente como Bill Coughran, ex-VP de engenharia do

Google, que o ajudou em decisões técnicas. Para dar conta da missão, compensou a imaturidade do currículo com suor e passou seis meses colado no computador, "codando" (criando códigos) dia e noite.

O Sequoia, que conhecia David como funcionário, fez os primeiros investimentos no Nubank ao lado da Kaszek Ventures. Em julho de 2013, aportaram 2 milhões de dólares de capital semente e, passados treze meses, 15 milhões de dólares na série A. A função do dinheiro era implantar e depois escalar o negócio. O salário mensal de cada um dos três fundadores ficava em torno de 2 mil reais, algo apenas simbólico para executivos dessa estatura.

Em resumo, eram três pessoas diferentes nos aspectos vantajosos de ser desigual — formações, experiências e até países de origem —, mas parecidas no que valia ser coeso, que era a disposição em trilhar o mesmo caminho duro rumo a um objetivo maior. O primeiro imóvel, que escolheram como sede, um sobrado no bairro paulistano do Brooklin, era representativo das duas pontas. Tinha a simplicidade necessária para o começo da jornada e ficava num logradouro que servia de lembrete do tamanho do sonho: rua Califórnia.

A placa com o nome da via serviu como referência involuntária ao estado americano onde fica o vale do Silício. Era lá que os três líderes do Nubank queriam chegar: ao patamar dos protagonistas da tecnologia mundial.

5
Nus com a mão no bolso

Nubank

A PRIMEIRA SÍLABA de Nubank soa como *new*, "novo" em inglês, mas a intenção primordial é que seja o sinônimo de pelado, sem roupas. Os fundadores da Nu Pagamentos S.A. (razão social da fintech) queriam que a start-up criada em 2013 fosse conhecida por oferecer um serviço despido de complicações e dados difíceis de entender.

Poucas situações exemplificam tão bem essa disposição para a transparência quanto a resposta enviada pela cofundadora Cristina Junqueira ao e-mail de um cliente quando a start-up estava começando. Ela começava pedindo desculpas pela demora em responder e justificava: havia dado à luz a primeira filha no dia anterior e ainda repousava na maternidade.

No Nubank, brinca-se que Alice, a filha primogênita da paulista, é irmã gêmea da companhia, por ter nascido em agosto de 2014, pouco antes do lançamento do Nubank para o público. Não havia uma equipe de SAC, e os telefonemas dos consumidores caíam diretamente no celular de Cristina, que também respondia às mensagens e aos e-mails um a um. Ela fez isso até na sala de pré-parto, para onde foi levada depois de ter as primeiras contrações durante uma reunião.

O sobrado de três quartos da rua Califórnia, na zona sul de São Paulo, onde uma família de cinco pessoas poderia morar com conforto, chegou a abrigar, no auge, 33 profissionais — no máximo, uma única mulher além de Cristina. Ela tinha vasta experiência em ser a minoria feminina do pedaço. Em seus tempos de executiva, isso já lhe rendeu situações um tanto desagradáveis. Conta três que ficaram na memória. Certa vez, um chefe a chamou para dizer que não deveria usar vestidos, pois a roupa contrastava com o figurino dos pares do sexo masculino. Passou então a usar apenas terninhos. Em outra ocasião, abaixou-se durante uma reunião a fim de procurar uma tomada para seu carregador de celular e ouviu: "Ajoelhou tem que rezar" (intuiu que o comentário não era propriamente sobre religião). Era também bastante incômoda uma conversa frequente dos colegas quando alguma nova mulher era contratada: "Ela já passou no SPC?". SPC era "sexo pós-contratação".

No Nubank, relata, os problemas da convivência com os barbados eram de outra natureza. Com o tempo, a instituição se tornou um lugar acolhedor para mães, com licença-maternidade de seis meses e sala de amamentação e extração de leite, e uma referência em diversidade (43 por cento do time é do sexo feminino e cerca de trinta por cento de toda a equipe é LGBTQ). Mas naquela época ela seguiu trabalhando depois do parto. Assinou papéis da rodada de investimento no hospital, depois de dar à luz. O trabalho nos últimos meses da gestação foi puro perrengue, em meio a um time que teve no máximo apenas mais uma mulher. "O banheiro era uma vergonha", lembra o fundador David Vélez. Os moços de alto QI e inglês fluente sofriam daquela incapacidade masculina de levantar a tampa da privada, o que fazia a cofundadora frequentemente pegar o carro para usar o toalete em casa. Ela relembra essa fase:

> O começo do Nubank era aquela coisa: uma casa muito engraçada, não tinha teto, não tinha nada. Minha irmã desmanchou a república de estudantes e doou para a empresa fogão, micro-ondas, uma mesa com quatro cadeiras. Os outros móveis compramos usados. Tive uma briga com o David, porque eu queria instalar ar-condicionado e ele teimava que não precisava. Esse era o nível da situação para economizar. Chegou o verão, e foi um dos mais quentes da história. Quando ele se convenceu, não tinha mais ar-condicionado na cidade, estava em falta. Tudo o que a gente fazia era muito contado. Com nove meses de gestação, eu trabalhava sentada em um banquinho de plástico, tirando a tomada do micro-ondas para enfiar a do meu laptop. Uma das coisas que mais me marcou era o banheiro, que eu não tinha coragem de usar. Eu estava grávida e pegava o carro para fazer xixi na minha casa, a quinze minutos dali. Teve uma noite em que eu sonhei que entrava no banheiro do andar de cima e tinha dois engenheiros trabalhando lá dentro, um sentado na privada e outro no bidê.

A equipe trabalhava duro por horas a fio, mas não era um lugar adequado para quem tem dificuldade de se concentrar no meio do alvoroço. O vira-lata Lost, apelidado assim por ter sido encontrado perdido no Aeroporto Internacional de São Paulo, em Guarulhos, por vezes virava o astro da diversão. Já protagonizou inclusive a "corrida do presunto": criaram uma trilha de frios que atravessava a cozinha e o quintal e apostaram quanto tempo o mascote levaria para chegar à última fatia. Ganhou o prêmio de cinco reais quem cravou um minuto redondo.

Para completar certo ar de república universitária, o cofundador Edward Wible e um programador vindo do Rio de

Janeiro moraram em dois dos três quartos do piso superior (o dormitório maior era sala de reunião). Usavam lençóis com estampa do Homem Aranha doados pelo enteado de Cristina. Edward pouco se recolhia, passava de manhã à noite criando códigos no computador. Conforme chegava gente, o lugar foi se tornando mais ruidoso e o espaço escasseou. Para fazer um telefonema com executivos do banco Goldman Sachs, um parceiro estratégico, David teve que se refugiar no quintal, debaixo de uma chuva fina. Só assim conseguiu ser ouvido pelos interlocutores em Nova York.

Muitos candidatos às vagas de emprego da start-up tomavam um susto com o improviso do ambiente. Alguns viam a fachada e logo iam embora, sem levar a iniciativa a sério. David não se importava tanto com as desistências, pois acreditava que era, até certo ponto, um bom filtro cultural. Afinal, precisava de desbravadores, não de gente em busca de tudo pronto.

Vitor Olivier tinha 24 anos quando bateu palmas em frente à casa ao chegar para uma entrevista de emprego. Já estava de noite e não encontrou a campainha. O ambiente era puro contraste com o do BTG Pactual, do qual era contratado. "Entrei na casa e saiu do banheiro um cara gigantão de dois metros de altura, descalço, vestindo bermuda e camiseta. Eu usava roupa social, camisa branca com iniciais no bolso. As pessoas trabalhavam de shorts." A conversa com David em uma sala de TV o animou a ingressar no local com um quinto do salário que ganhava, mais ações. Além de seguir acionista, em 2019, ele se tornou vice-presidente de Consumo.

O começo "raiz" ajuda os empreendedores a manter o pé no chão e se concentrar no que é de fato importante. E isso tende a permanecer nos tempos de maturidade, quando o negócio se consolida. Nesse tipo de cultura, imagina-se que, quando a sofisticação do traje importa pouco, a competência, a inteligência e a dedicação é que falam mais alto. Outro caso emblemático entre start-ups brasileiras é o Dr. Consulta, *health tech* — empresa de tecnologia na área de saúde — com rede de centros médicos a preços acessíveis, fundada em 2011. O fundador Thomaz Srougi instalou o primeiro escritório na grandiosa Favela de Heliópolis, na zona sul de São Paulo, onde montou uma unidade. Na fase de validação do negócio, acreditava ser preciso estar perto de clientes em potencial. Além disso, economizava com aluguel. Houve seis assaltos à mão armada, com médicos sendo rendidos. Tal qual o Airbnb, uma porta era usada como mesa, mas com maçaneta e tudo, símbolo daquele período de desbravamento. Na falta de cortina, folhas de papel cobriam o vidro da janela. A primeira logomarca, usada por anos, foi desenhada pelo fundador, que gravou a mensagem de áudio do atendimento eletrônico e saiu panfletando pelas ruas quando a pessoa contratada para essa função não apareceu. As sedes seguintes foram instaladas em bairros de classe média baixa ou classe média da capital paulista, mas o espírito "mão na massa", sem luxos, se manteve.

A Kaszek Ventures, que investe no Dr. Consulta e no Nubank, também tem entre os cabeças um empreendedor de histórico semelhante. Hernan Kazah é um dos fundadores do e-commerce Mercado Livre, que nasceu em 1999. Difícil imaginar um caso mais radical de "start-up de garagem": o primeiro escritório foi montado em duas vagas de estacionamento no subsolo de um prédio comercial de Buenos Aires, com paredes feitas de papelão. A partir do subterrâneo, se ergueu um arranha-céu. Entre janeiro e agosto de 2020, o Mercado Livre dobrou de tamanho, chegando a aproximadamente 60 bilhões de dólares e se tornando a maior empresa da América Latina, à frente de companhias brasileiras.

* * *

Esse ímpeto de "fazer acontecer" é uma das características que Hernan hoje busca nas candidatas a receber investimento:

> Quando avaliamos uma start-up em seu início, olhamos o mercado em que ela vai se inserir, mas o principal é o perfil dos fundadores. Isso é mais arte que ciência, porque nem sempre é fácil distinguir um visionário de um *bullshiter* (cascateiro), por isso pesquisamos o passado da pessoa. O grande empreendedor é o primeiro a chegar e o último a sair, tem um sonho que é maior que o econômico. Está criando um negócio de impacto, e não fazendo aquilo para vender o mais rápido possível.

No caso de David Vélez, não foi preciso fazer uma pesquisa. Ele já era uma figura conhecida dos tempos de Sequoia Capital, que apostava em sua empreitada, e o projeto bem acabado do Nubank convenceu rapidamente o grupo a fazer um aporte.

É preciso encantar os clientes

O Nubank foi uma marca recebida com simpatia desde sua fundação. Em parte, por recursos digitais, como aumentar o limite do cartão de crédito por aplicativo, mas também pelo atendimento telefônico "humanizado". O modelo é inspirado no e-commerce Zappos, sediado em Las Vegas, que tenta criar um contato "emocional" com os consumidores. A empresa americana coleciona histórias, como o dia em que um atendente mandou uma pizza para alguém que esperava pela solução do seu problema e também o casal de clientes tão fanático pela companhia a ponto de se casar em seus escritórios.

No setor de atendimento da fintech brasileira, os funcionários (chamados de *nubankers*) podem distribuir agrados (os "*wows*") aos clientes (os "nus"). Em setembro de 2016, viralizou a história de um usuário que precisou da segunda via do cartão de crédito porque a cachorra Belinha tinha mastigado o original. A atendente enviou, além do produto, um brinquedinho de morder para o pet no mesmo roxo da marca, o Pantone 267C. O relato rendeu 48 mil curtidas na página Catioro Reflexivo do Facebook e ajudou a construir o inquestionável *soft power* da start-up, que edificou o milagre de uma instituição financeira querida, apesar do leque limitado de serviços (a conta-corrente, isenta de tarifa, só foi lançada em 2017) e de juros que muitas vezes se assemelham aos dos grandes bancos (2,75 a catorze por cento ao mês no crédito rotativo do cartão de crédito, dependendo do perfil de risco do usuário).

Com criatividade no dia a dia, o Nubank pôde se dar ao luxo de investir de forma modesta em marketing. Os consumidores e funcionários entusiasmados faziam muito bem esse trabalho de forma espontânea. Uma validação e tanto aconteceu em março de 2019, quando o Itaú enviou um brinquedinho de morder (na cor laranja, claro) para uma correntista cujo cartão acabou estraçalhado pelos dentes de um buldogue. Internamente, a coincidência foi comemorada. Golias não parecia indiferente a Davi.

A verdade é que o Nubank sempre teve a ambição de incomodar. Na bela sede da avenida Rebouças, onde se instalou em 2016 — antes, passou por uma sede intermediária, no bairro Bela Vista —, há um grafite com cinco dinossauros que ninguém confirma, mas todo mundo sabe se tratar de uma troça com os grandalhões do setor. De apenas mais um entre vários aplicativos, o Nubank virou o símbolo do novo no setor bancário. O espírito de "ameaça" foi crescendo ano a ano, a ponto de disparar o alerta de saia justa entre participantes de uma reunião em San Francisco, na qual estariam o CEO do Nubank e Roberto Setúbal, então presidente do Itaú, que ainda não se conheciam. A conversa, porém, se deu de forma cordial, segundo relembra David: "Prazer, ouvi falar muito de você"; "Eu também ouvi muito falar de você", disseram um ao outro. Em outubro de 2019, David enviou um e-mail de condolências a Octavio de Lazari Jr., presidente do Bradesco, por ocasião da morte de Lázaro Brandão, que trabalhou por 75 anos no banco e passou décadas na presidência do conselho.

"Cabeça de dono": modo de fazer

O ano de 2016 foi espetacular para o Nubank, com as rodadas de investimento C e D (52 milhões de dólares e 80 milhões de dólares, respectivamente) pela inclusão de fundos como Founders Fund, Tiger Global Management e DST Global. O número de clientes saltou de 150 mil para 1 milhão. A meta para cinco anos foi conquistada em pouco mais de dois anos. A festa de Natal, na qual David costumava fazer um discurso aos cerca de trezentos funcionários, tinha tudo para ser um sucesso. Mas uma bomba em forma de notícia abalou o prédio.

No dia 15 de dezembro daquele ano, um pacote de desburocratização anunciado pelo Banco Central colocou água no chope da companhia. Uma das medidas era a exigência de repassar a comerciantes o valor das compras de cartão de crédito em até dois dias em vez de trinta. O problema, argumentavam os sócios, é que, em média, os consumidores demoram 26 dias para serem debitados em suas compras por cartão e o 1,5 por cento que a plataforma mordia a cada compra seria insuficiente para custear essa antecipação. Seria o fim da start-up, diziam.

No mesmo dia, David teria que subir ao palco para fazer um discurso motivacional de fim de ano. Não haveria nada mais anticlímax que compartilhar a verdade para um público que esperava boas vibrações após um ano de muito trabalho e enormes conquistas. Mas o assunto era público, e mentir ou omitir, afirma, estava fora de cogitação. Defendia-se o conceito de que todos deviam ter "cabeça de dono", isso não poderia ser apenas um dever, mas um direito dos *nubankers*. As ideias precisavam corresponder aos fatos.

"Contamos que estávamos numa situação complexa, perigosa. As pessoas ficaram nervosas, estressadas. Mas isso era consistente com esse valor de transparência." Ele desceu do palco e foi direto para uma sala de reunião na qual executivos discutiam o que fazer. A esperança era um encontro agendado na segunda de manhã em Brasília com Ilan Goldfajn, então presidente do Banco Central. O próprio David tinha uma viagem a Lima, para que a família da mulher conhecesse o filho recém-nascido. Ele fez a viagem, deixou os dois na casa dos parentes e, em duas horas, estava de volta ao aeroporto, rumo ao Brasil. Era caso de vida ou morte do negócio.

Cristina Junqueira deu entrevistas alertando que o Nubank poderia acabar. Nas redes sociais, o público se queixou. Ser uma marca com fãs, nessa hora, fez toda a diferença. Por cerca de duas horas, David e sua equipe explicaram os riscos para Ilan e cerca de quinze técnicos do órgão. "Por mais que parecesse uma medida boa para os pequenos varejistas, seria tão ruim para a concorrência que possibilitaria aos maiores bancos aumentar a tarifa", argumentou.

Saiu de lá com a promessa de que a regra havia morrido e, na mesma tarde, anunciou a boa-nova em uma reunião com os funcionários. Agora, sim, era possível celebrar. Estava aberto o caminho para o ex-inquilino da rua Califórnia se tornar um unicórnio, em fevereiro de 2018, após rodada de investimentos de 150 milhões de dólares, e depois o primeiro decacórnio do país, avaliado em 10 bilhões de dólares, com aporte de 400 milhões de dólares, em julho de 2019.

Desde então, experientes executivos de empresas como Itaú e Facebook foram contratados. A chegada dos novos nomes iniciou rumores de que o trio de fundadores se deslocaria para o conselho da fintech enquanto esses profissionais experientes em operações gigantes tocariam o dia a dia do negócio, que estava no caminho de ser tornar também um Golias, ainda que aos olhos do público mantivesse o jeitinho de Davi.

6
Um novo ouvinte na rádio-peão

Arco Educação

HERDEIROS SÃO, em inúmeros casos, a maldição de empresas familiares, pequenas ou grandes. Ao serem criados na bonança, muito afeitos a usufruir e pouco a construir, os descendentes podem afundar o que os mais velhos edificaram na adversidade e acabar deixando um legado podre para as próximas gerações. O que seria imenso privilégio se torna simplesmente um carma.

A única representante do Nordeste entre os unicórnios brasileiros traça o caminho contrário, em uma história iniciada um século atrás. É a Arco Educação, grupo de sistemas de ensino que se desenvolveu como start-up.

Ao replicarem apostilas, exercícios e métodos em diversas escolas, sistemas de ensino são por natureza um negócio repetível e escalável, duas palavras obrigatórias para conceituar uma start-up. Mas foi por outra palavra fundamental, a tecnologia, que a Arco conseguiu se diferenciar. A empresa tem grande foco nos elementos digitais, que vão de videoaulas ao uso de realidade aumentada em atividades, passando por softwares de gestão — para acompanhar, por exemplo, os pontos de dificuldade da turma por meio da análise dos resultados dos exercícios. Por essa razão, suas ações são negociadas na Nasdaq, a bolsa de empresas de tecnologia sediada em Nova York.

As sementes do negócio foram plantadas por Ari de Sá Cavalcante, nascido em 1918, nos tempos do cinema mudo, em uma família de classe média em Jucás, a mais de quatrocentos quilômetros de carro de Fortaleza. Ari era bom aluno e cravou o segundo lugar no vestibular para a Faculdade de Direito do Ceará. Em paralelo ao curso, ganhava a vida dando aulas de diversas disciplinas em escolas particulares da capital. Em 1941, se tornou sócio do Colégio Farias Brito, que havia sido fundado seis anos antes, e prosperou. Garantiu uma vida confortável aos cinco filhos, dos quais cobrava empenho em aprender. Nas férias, orientava: "Leiam as placas dos ônibus, para não desaprender". Morreu com apenas 49 anos, em uma cirurgia de válvula mitral conduzida pelo célebre cardiologista Adib Jatene, no Hospital Beneficência Portuguesa, em São Paulo, em 1967. O velório aconteceu no colégio e na Universidade Federal do Ceará.

Com sua partida precoce, a viúva Maria Hildete decidiu manter a participação no Farias Brito, auxiliada pelos filhos. O primogênito Oto tinha 21 anos e precisou se afastar do sonho de ser engenheiro para se dedicar à missão familiar. Ele e Tales, o terceiro dos cinco irmãos, foram os primeiros a ter um envolvimento expressivo no dia a dia. A união em torno do propósito de garantir a subsistência por meio do estabelecimento de ensino foi frutífera. Em seis anos, o clã comprou a parte do outro sócio e se tornou o único dono da escola, pouco a pouco consolidada entre as melhores do Nordeste.

Perto da morte da mãe, em 2001, as quatro unidades da instituição foram separadas em duas empresas. Duas delas seguiram com o nome original Farias Brito, lideradas por Tales, com ações dos outros irmãos. E as duas remanescentes ganhariam o nome do patriarca Ari de Sá Cavalcante, sob o comando único de Oto. A divisão dissolveu também a harmonia entre ele e Tales, antes inseparáveis, à medida que a concorrência se acirrava. Passaram a não mais se falar. Até o senador Tasso Jereissati tentou, em vão, selar a paz entre os dois lados. "O Tasso queria fazer um jantar na casa dele, mas não conseguiu", conta Oto, que tem um quadro sugestivo em sua sala: uma propaganda na qual a Pepsi aparece ao lado da concorrente Coca-Cola sob a frase "Dia Mundial da Paz" em letras garrafais. Tales não respondeu aos pedidos de entrevista.

Ao mesmo tempo, os dois colégios se consolidaram como centros de alto desempenho, com destaque nacional. Unidades distintas do Farias Brito e do Ari de Sá Cavalcante foram presença constante entre as dez melhores do Brasil no período em que o Ministério da Educação divulgou o ranking do Exame Nacional do Ensino Médio, até 2016.

A árvore mais alta que se ergueu a partir do legado do patriarca foi plantada pelas mãos de Ari de Sá Neto, um dos cinco filhos de Oto. Formado em administração, com dois anos de atuação na consultoria Ernst & Young e alguns outros ao lado do pai, ele voltou de um MBA no MIT disposto a dar escala, de alguma forma, à excelência do centro de ensino comandado pelo pai. Mas qual seria a melhor forma de fazer isso? Poderia ter multiplicado o número de unidades, expandido para diferentes estados, mas escolheu tomar um rumo distinto. Depois que um professor de outra escola particular o procurou querendo comprar as apostilas para suas turmas, percebeu que o potencial estava no conteúdo. Criou, em 2007, o Sistema Ari de Sá (SAS), baseado nos fundamentos de aprendizado do colégio, que se notabilizou não só pelo material com complementos digitais, mas por múltiplas assessorias, de gestão a marketing. Essa plataforma daria origem mais tarde ao grupo Arco Educação, que viria a incluir outras empresas, como a SAE Digital e a International School.

O negócio tem Oto como sócio majoritário, mas Ari está na linha de frente. Na nova empreitada, era a vez de o neto impor seu estilo e desenhar uma história que, em 2019, colocaria a família na lista dos bilionários da revista *Forbes*, em 56º lugar, com uma fortuna calculada em 5,66 bilhões de reais.

Na mesma frequência

Durante a infância e a adolescência, era difícil para Ari de Sá Neto passar despercebido na escola da família, onde sempre estudou. Além de filho do dono, levava no RG o nome do homem-símbolo da instituição. Em uma briga, um garoto o chamou de "filho do Oto Otário".

O sentimento sobre o lugar, porém, era de orgulho, não de repulsa. Uma das diversões do menino era visitar o pai em seu escritório do colégio, no intervalo das aulas. Ainda hoje, Oto mantém uma sala espaçosa e um interruptor na parede para chamar a copeira de uniforme com renda de lese, que lhe traz chá, café e barrinhas de cereal.

Quando o sistema de ensino começou a ser planejado, dentro de uma casa, era a vez de o rapaz ter, também, a própria sala, onde recebia os funcionários e parceiros. Ali, ele assumia o papel de protagonista, construindo o próprio nome.

Conforme contratavam mais gente, o imóvel foi ficando pequeno. "Não temos espaço", alertou um profissional. Ari cedeu o cômodo para abrigar algumas mesas de forma provisória, enquanto haveria uma reforma de três meses. E lá foi o chefe se sentar ao lado de todo mundo.

Era como se tivesse sintonizado uma emissora de rádio que transmitisse os verdadeiros bastidores da própria empresa: ineficiências, problemas de comunicação e até méritos não reconhecidos saltaram aos ouvidos. "Minha vida na empresa mudou. Se eu queria falar uma coisa com a pessoa, eu falava na hora, em vez de usar o telefone. Via alguém falar uma besteira e dava o feedback na hora. Cobrava o *follow up* diretamente. A minha visão da empresa e das pessoas se modificou. Além disso, é uma sinalização de que as pessoas têm acesso para falar com você. Percebi que era ali onde deveria ficar."

Criada no início de 2018, com sede na rua Augusta, em São Paulo, a Arco Educação mantém o mesmo espírito. Todo mundo trabalha em mesões compartilhados, inclusive Ari, que não tem nem uma secretária exclusiva. É ele quem gerencia a própria agenda, o que às vezes leva os executivos à loucura. Nas empresas unicórnio, isso é quase regra, e ter um espaço isolado do time é visto como virar "rei do camarote".

Outra iniciativa para manter a equipe aglutinada foi inspirada em um evento que Ari presenciou na sede do Google, em Mountain View, quando visitou um ex-aluno do colégio que ali trabalhava. É a celebração dos aniversariantes do mês, no qual a alta liderança da Arco e das empresas que fazem parte do grupo partilha os resultados e fica à disposição para perguntas, inclusive anônimas.

Os questionamentos são diversos. Em um episódio: na sede do SAS, em Fortaleza, que fica em uma antiga concessionária de automóveis, alguém indagou, sem se identificar, por que havia uma minigeladeira perto da mesa dos executivos, enquanto o restante do pessoal tomava água no bebedouro. O CEO do SAS, João Cunha, explicou que o aparelho era herança de outro prédio, comprado para receber clientes, mas emendou: "Tem razão, isso aqui não se parece com a gente". A geladeirinha sumiu em seguida e não se falou mais nisso.

    O mesmo evento mensal passou a ser feito no sistema Positivo desde novembro de 2019, depois que a Arco recebeu autorização do Cade para comprar o gigante paranaense de educação por 1,65 bilhão de reais. Uma das primeiras ações do novo dono foi enviar Daniel Moreira, o executivo da área de "pessoas" do grupo, com o objetivo de fazer a transição e reforçar os pontos de cultura por meio de sinalizações firmes. Ele acabou sendo promovido a diretor-geral dessa operação. Não houve uma grande demissão, mas muita coisa mudou, para reforçar o espírito "todo mundo junto". Diretores perderam suas salas — algumas eram antes trancadas com chave — e tiveram de se misturar ao restante do time. O estacionamento reservado à alta chefia e a funcionários antigos, com entrada para a principal avenida, passou a ter acesso a pedestres e a abrigar alguns eventos coletivos. O ato mais simbólico foi desativar uma ampla área isolada, com acesso por escadas e corredores tidos como "proibidos". Eram duas salas destinadas a um executivo gabaritado e seu assessor especial, com as mesas das secretárias na frente de banheiros privativos, no estilo de empresas poderosas das novelas das nove. Um lugar ideal, pensaram, para abrigar um espaço de descompressão, com jogos e pufes, onde qualquer funcionário pode descansar ou ter conversas mais informais. A começar pelo plano arquitetônico, a proposta é que todos sintonizem a mesma frequência.

"Líderes precisam ler"

Oto de Sá Cavalcante segue despachando diariamente na principal unidade do colégio, um colosso arejado de 50 mil metros quadrados, a despeito de possuir 34,8 por cento das ações da Arco. Ari de Sá Neto tem 15,7 por cento, o investidor General Atlantic, 9,1 por cento, os executivos somam 0,7 por cento, e o restante são as ações negociadas na Nasdaq, em Nova York.

À porta de sua sala, na sede do bairro da Aldeota, na região central de Fortaleza, testemunhei um pai aflito solicitar uma audiência. Seu filho não passou na prova exigida para que os alunos pudessem se matricular. "Ele é ótimo, está sendo acompanhado por uma associação de superdotados", argumentou. Oto disse que ele deveria tentar o exame novamente, pois a seleção é obrigatória.

Enquanto a Arco Educação voa alto, o colégio Ari de Sá Cavalcante mantém as tradições para crescer e se consolidar como um centro de excelência (a mensalidade do terceiro ano do ensino médio, no início de 2020, custava 1987 reais). No começo de 2019, a atriz Fernanda Montenegro foi contratada como estrela de um vídeo no qual anuncia que a instituição havia tido a segunda maior taxa nacional de aprovação nos disputados vestibulares do ITA e do IME. Pelos corredores da escola, há dezenas de banners com o êxito de seus alunos em olimpíadas internacionais de matemática, de química e até de economia. Entre os cartazes, um estampa apenas mulheres adultas. São as retratadas no Concurso Empregado(a) Doméstico(a), no qual os melhores textos dos alunos sobre a vida de suas faxineiras, babás e afins têm como prêmio um salário mínimo para os profissionais.

Outro concurso já tradicional na instituição é voltado a lideranças. Oto, devorador de livros de diferentes estilos, premia as melhores resenhas sobre títulos indicados a cada ano, que vão de *Foco*, de Daniel Goleman, a *O príncipe*, de Nicolau Maquiavel. Podem concorrer os profissionais com cargos de liderança. Os cinco melhores textos recebem cada um mil dólares. "Líderes também precisam ler", dizia um folheto que anunciava o livro de 2020: *A marca da vitória*, excepcional autobiografia de Phil Knight, criador da Nike.

Na Arco Educação, a toada é a mesma. Palestras, encontros e debates são frequentes. Participei de dois deles: um sobre tecnologia, com um convidado da Apple, e outro, aberto ao público, com Daniel Barros, autor de *País mal educado: por que se aprende tão pouco nas escolas brasileiras*. Havia de estagiários a diretores reunidos em uma pequena arena. No segundo, a única pessoa trabalhando no andar era a faxineira, que, ao começo da explanação, deixou a vassoura de lado e se juntou aos colegas. Todo mundo participa das conversas, feitas em geral no começo da noite, quando a maioria já deixou a caneta cair sobre a mesa e pode ir embora. Não é incomum que pessoas que busquem vagas na empresa apareçam para fazer contatos.

Além disso, as equipes da Arco participam semanalmente do "método da cumbuca", disseminado pelo guru de gestão Vicente Falconi. Ele funciona da seguinte forma: um livro é proposto a um grupo de quatro a seis pessoas e, a cada semana, eles se encontram para falar sobre um capítulo, que todos precisam ter lido. Os nomes são colocados em uma cumbuca. A pessoa sorteada deve resumir o capítulo e fazer os primeiros comentários diante dos colegas, que na sequência passam a debater a leitura e a relacioná-la aos desafios da empresa. Caso o sorteado não tenha lido a obra, a sessão é desfeita, frustrando quem fez o dever de casa e causando constrangimento a quem pisou na bola. A razão disso é exigir comprometimento máximo. Depois do sorteio, os nomes retornam ao potinho — inclusive o da pessoa sorteada naquele dia, tenha lido ou não a obra. Na semana seguinte, tem mais.

Não causa surpresa que o nome Arco Educação venha de um clássico: *As cidades invisíveis*, de Italo Calvino.*

>Marco Polo descreve uma ponte, pedra por pedra.
>— Mas qual é a pedra que sustenta a ponte? — pergunta Kublai Khan.
>— A ponte não é sustentada por esta ou aquela pedra — responde Marco —, mas pela curva do arco que estas formam.
>Kublai Khan permanece em silêncio, refletindo. Depois acrescenta:
>— Por que falar das pedras? Só o arco me interessa. Polo responde:
>— Sem pedras o arco não existe.

---

* CALVINO, Italo. *As cidades invisíveis*. São Paulo: Companhia das Letras, 2009.

7
Na saúde e na doença

99

ASSIM COMO PARA O Gympass ou o QuintoAndar, o ano de 2014 havia sido de aperto na então chamada 99 Taxis, diante da dificuldade de encontrar novos investidores. A verba de 3 milhões de dólares do último aporte liderado pela Monashees, que deveria ter durado entre seis e doze meses, teve de ser esticada por um ano e meio. Resultado: não sobrava dinheiro para impulsionar o crescimento.

Perto do Natal, o aplicativo tinha menos da metade do total de corridas do maior concorrente, a Easy Taxi. Depois do réveillon, porém, o jogo começou a virar. Logo no início de fevereiro, o fundo Tiger Global liderou, enfim, um investimento de 15 milhões de dólares. Em abril, vieram mais 25 milhões de dólares.

Era motivo de comemoração para a empresa criada em 2012, numa sociedade que quase não aconteceu. O paulistano Renato Freitas e o argentino Ariel Lambrecht eram amigos desde os tempos da Escola Politécnica da USP, na qual se formaram em engenharia mecatrônica. Juntos, fundaram, na era do Orkut, o Ebah, uma rede social para compartilhamento de conteúdo acadêmico que teve mais repercussão do que êxito empresarial. Ainda assim, a dupla de empreendedores chamou a atenção da Endeavor, da qual Paulo Veras foi diretor-geral no Brasil entre 2004 e 2009. Antes de ocupar o posto, Paulo criou start-ups em setores variados, inclusive no de compras coletivas. Renato e Ariel tinham a ideia de criar um aplicativo para pedir táxi no Brasil e imaginaram que ele seria um CEO adequado, com estofo para liderar o negócio. Esperaram então uma reunião a respeito do Ebah para apresentar a ele, no final da conversa, sua sugestão.

Ariel havia conhecido na Alemanha o MyTaxi, o primeiro app do mundo nesse segmento. Paulo, prevendo que mais de uma dúzia de iniciativas semelhantes apareceriam no mercado, não quis conversa: "Muito legal, mas não quero participar". Na avaliação dele, o jogo seria vencido por quem tinha o maior bolo de dinheiro, e não o melhor produto, de modo que se esmerar em uma execução brilhante não faria grande diferença.

Os jovens insistiram, e ele acabou topando um esquema de mínimo custo, no qual conciliaria as tarefas com outros projetos que estava tocando (a pulverização, a princípio, espantou alguns investidores). Cada sócio desembolsou 3 mil reais para bancar os primeiros seis meses. Ariel e Renato desenvolveram o app usando a mesma casa que abrigava o Ebah — às vezes, trabalhavam em notebook deitados na rede do quintal. Renato era o expert da parte técnica, enquanto Ariel sempre teve uma visão afiada de produto, de entender a cabeça do usuário. Havia aplicativos semelhantes no país. A Easy Taxi, que seria por muito tempo o maior rival, tinha chegado em 2011, sob o comando de Tallis Gomes, um mineiro carismático que é a antítese da expressão "come-quieto", cheio de histórias, como ter arrebanhado taxistas para o app com o argumento de que, ao adquirirem um smartphone, poderiam ter acesso a vídeos pornográficos a qualquer hora, conforme relata em seu livro *Nada Easy*. Ele foi o CEO da operação brasileira até novembro de 2014.

Renato e Ariel nunca recorreram a filmes adultos, mas criaram a própria estratégia. Uma das funções de batizar o aplicativo com um número era se sobressair na ordem alfabética. A divulgação para taxistas foi cuidadosamente planejada. Supondo que panfletos são coisas chatas, destinados à lata de lixo do poste mais próximo, imprimiram cartas endereçadas aos condutores, assinadas à caneta, uma a uma. "Distribuíamos as cartas no ponto e nos escondíamos a alguns metros para ver qual era a reação dos motoristas. Eles liam e guardavam", conta Renato. Outra sacada foi criar anúncios em forma de história em quadrinhos em tabloides dedicados a taxistas. "Esses jornais eram muito poluídos de propaganda, então qualquer anúncio novo ficaria escondido. Já o quadrinho todo mundo vê", explica.

Paulo foi se animando com a evolução do projeto, no qual mergulhou de cabeça. A despeito da experiência e do destaque na Endeavor, o CEO chamava a atenção pela informalidade. Era comum ir trabalhar de chinelos Havaianas ou Rider, surgia de dedos à mostra em diversas entrevistas para selecionar profissionais. Certa vez, um candidato a emprego se sentou diante do trio para a entrevista e, ao perceber o jeitão descontraído da chefia, quis mostrar simplicidade: "Não sou desses playboys do colégio Santo Américo. Estudei na merda do Doze de Outubro, em Santo Amaro". O candidato, sem perceber, cometeu uma gafe monumental em dose dupla: Paulo foi aluno do Santo Américo e Renato, do Doze de Outubro, que era menos elitizado que o primeiro, mas tradicional e com boas médias no Enem. Os dois deram risada da situação, e o rapaz, que no resto da conversa se saiu bem, acabou contratado.

Os motivos para sorrir se multiplicavam em 2015, com o total de corridas crescendo entre vinte e trinta por cento mês a mês, graças a medidas agora possíveis, como criar um time focado na aquisição de novos clientes. "Ainda não ter essa área era algo impensável para uma start-up de alto crescimento", diz Paulo. Ele conta que abria a torneira com cautela, "valorizando cada centavinho". Desafiou os gerentes regionais a sugerirem formas criativas de gastar quantias de 50 mil reais com divulgação da forma que quisessem. Um profissional do Rio de Janeiro procurou o time do Botafogo e usou a verba para patrocinar as mangas no uniforme do alvinegro nos jogos de ida e volta da final do Campeonato Carioca. O Vasco levou a melhor no torneio, mas a ação publicitária havia sido um golaço, com boa repercussão entre taxistas e clientes.

A moral da empresa estava lá em cima quando entrou o mês de junho. "Começamos a dar um pau na Easy Taxi. O sentimento era: agora vamos para cima, vamos ganhar o jogo! Éramos os reis da cocada preta", lembra Paulo.

Na manhã do dia 8, a euforia chegava ao auge. A agência Africa, de Nizan Guanaes, apresentaria a campanha publicitária com o slogan "99 é Só Love". Era um salto grande, para o qual haviam sido reservados cerca de 15 milhões de reais, que Nizan topou usar de forma cirúrgica. Tratava-se de uma quantia baixa para o alcance pretendido pela empresa, mas as pesquisas encomendadas pela agência mostravam que o vento estava a favor. O serviço conquistou boa aceitação dos usuários, que consideravam a marca cool. Havia o desafio de crescer para além do consumidor digital e atingir a maioria dos clientes de táxi. Um estudo da companhia mostrava que apenas dez por cento das corridas eram intermediadas por aplicativo naquele momento no Brasil.

A reunião com a agência Africa estava marcada para as nove, mas Paulo mandou avisar que não participaria. No dia anterior, um domingo, enquanto escovava os dentes, percebeu que não conseguia bochechar o enxaguante porque o líquido escorria por um canto da boca. Marcou um neurologista, que diagnosticou a paralisia de Bell, fraqueza repentina nos músculos de uma metade do rosto. Era o começo de uma semana difícil. Na quarta-feira, ao acordar com fortes dores no abdômen, correu para o pronto atendimento do Hospital Israelita Albert Einstein. Um ultrassom mostrou que havia diversos nódulos nos rins, e Paulo marcou uma tomografia para uma semana depois. Mas, na sexta-feira, Dia dos Namorados, acordou se sentindo mal novamente e correu até o centro médico. Foi internado, se submeteu a uma cirurgia para desobstruir os rins, paralisados por "um tipo de areiazinha". Além disso, colocou dois catéteres J e tirou uma amostra para a biópsia. No sábado seguinte, ao remover os canudos, o médico informou que o laboratório estava fazendo uma tripla checagem da primeira conclusão: de que tinha câncer.

Na segunda-feira, trabalhou pela manhã, ainda à espera do resultado. Na consulta da tarde, recebeu o primeiro diagnóstico: "O que você tem é um linfoma superagressivo, que avança rápido, e a gente precisa fazer o tratamento já". O especialista sugeriu a internação imediata por um período de um mês, mas Paulo preferiu voltar para casa. "Eu disse: não, preciso arrumar a minha mala, pegar o meu computador, falar com as pessoas. Aí ele já viu que seria difícil tratar um empreendedor, que está sempre negociando e não aceita as coisas como elas são." Saiu do hospital e correu para a empresa. Diante de sete ou oito pessoas em uma sala, resumiu: "Ferrou. Acabei de voltar do oncologista e a notícia não é boa". Antes de ir para casa e comunicar à mulher e às duas filhas, apanhou o notebook. Não pretendia parar de trabalhar durante a internação.

Exames complementares mostraram que seu tipo de câncer era uma leucemia. O tratamento durou pouco mais de um semestre: passou o primeiro mês todo internado no Albert Einstein e depois voltava ao hospital de dez a quinze dias por mês para as sessões de quimioterapia. Do leito, trabalhava quase normalmente, lendo e-mails, fazendo muitas reuniões por Skype e algumas presenciais. Uma delas, com os investidores, foi interrompida por uma enfermeira com um recado: a bolsa de sangue para transfusão estava pronta. Poucas cenas ilustrariam tão bem o que é capital de risco. "Alguns investidores não eram tão legais com ele e não disfarçavam as preocupações em ter tanto dinheiro numa empresa onde o principal líder tinha câncer", diz um ex-profissional da empresa. O próprio CEO, porém, trazia à tona o assunto lúgubre da sucessão, e contratar dois executivos sênior foi um passo nessa direção.

"Uma start-up cresce por soluço"

A ideia de fazer do hospital um escritório ajudou a manter a cabeça de Paulo mais ocupada. Ele aproveitou o computador para criar uma planilha no Google na qual anotava as chances de sobreviver, informação que não obtinha dos médicos. Com base em pesquisas na internet, calculou que tinha cinquenta por cento, e mudava o percentual a cada etapa cumprida. Criou também um arquivo chamado "KPIs hemato", no qual produzia gráficos com seus níveis de plaquetas, glóbulos brancos e vermelhos (KPI é a sigla em inglês para indicadores-chave de performance).

Cada um lida de uma forma diferente numa situação assim. O jeito de Paulo foi tentar tratar sua condição como um não assunto, com naturalidade e discrição. Chegou a palestrar remotamente, pela câmera do notebook, para um evento com profissionais da Endeavor. "Não sabíamos que ele estava doente, até ficar claro pelo vídeo que falava de um hospital", lembra o diretor de apoio a empreendedores, Igor Piquet.

A nove quilômetros de carro dali, na avenida dos Bandeirantes, a saúde da empresa, sob comando do CEO enfermo, ia muito bem. A campanha criada pela agência de Nizan Guanaes foi um sucesso. Para fazer a verba render, a estratégia foi simplificar a produção e pulverizar a veiculação. Os mesmos vídeos de desenho animado bem simples e coloridos, feitos por algo em torno de 2 mil reais, passavam na TV Globo e na TV paga — com a função de divulgar a marca e dar credibilidade a ela — e em redes sociais e no YouTube, os quais conduziriam ao download imediato do app. Em outra frente, a decisão foi subsidiar um desconto de trinta por cento entre outubro e novembro para todos os passageiros, uma queima de dinheiro em escala florestal, mas que se mostrou "um motor absurdo de crescimento". O temor nesses casos, além das enormes quantias gastas, é o sumiço da clientela depois que a camaradagem sai de cena. No entanto, o alto número de corridas no mês do Natal, quando a campanha havia acabado, mostrou que houve um acerto, pois os usuários recém-chegados continuaram adeptos. A experiência de marketing do Botafogo foi estendida para dez times no país, cerca de 5 milhões de reais no total, um valor pequeno para esse campo. Houve casos em que o clube pediu 4 milhões de reais pela manga, mas topou receber 500 mil reais.

Em São Paulo, o time escolhido foi o Corinthians. No final do ano, os sócios da 99 comemoraram os bons resultados fazendo um paralelo com o ótimo 2015 do alvinegro, que, numa performance brilhante, ganhou o Campeonato Brasileiro com boa sobra de pontos. Na hora de o time levantar a taça, lá estava o logo amarelo da 99 estampado no ombro. Ao mesmo tempo, o troféu de maior app de táxis, antes empunhado pela Easy Taxi, havia passado para as mãos do trio. Foi um ano intenso de trabalho, conforme Paulo recorda:

> Uma start-up cresce por soluço, não organicamente. Fica tudo represado, um monte de projetos que você quer fazer, mas precisa segurar pela falta de dinheiro. Aí, de repente, fecha a rodada de investimento e se rompe a barragem — precisa fazer tudo de uma vez, quintuplicar o time. A complexidade cresce num salto, de um dia para o outro. Você não tem escassez de recursos, e o gargalo está em outras pontas: na contratação, no treinamento. Não é pelo fato de você ter dinheiro que o ano se torna fácil. O risco é você perder totalmente o controle da operação, da cultura. O ano sem dinheiro é deprimente, mas o ano com dinheiro é muito mais frenético.

Na saúde, as agruras de Paulo iam se amenizando com a proximidade do réveillon. A última sessão de quimioterapia só aconteceria em fevereiro, mas na virada do ano a planilha do CEO que continha as chances estimadas de terminar vivo o tratamento já mostrava um número sugestivo: 99 por cento.

8
O casamento dos sete anões

Movile

QUEM BAIXAVA RINGTONES, se divertia com joguinhos, mandava mensagens de vídeo ou respondia a *quizzes* pelo celular nos anos 2000 possivelmente estava consumindo algum dos produtos da Compera, fundada em Campinas, ou da NTime, do Rio de Janeiro. Ambas operavam no mesmo setor, não como concorrentes, mas com negócios complementares, em um mercado de informação e entretenimento que ainda era só mato se comparado às possibilidades trazidas depois pelos smartphones.

A chegada iminente de rivais europeus ao Brasil, bem mais capitalizados, começou a tirar o sono dos jovens empreendedores. Um assunto, portanto, inevitável quando, em 2006, Rafael Duton, da NTime, encontrou Fabricio Bloisi, CEO da Compera, na tradicional feira de telefonia móvel de Barcelona — atualmente chamada de Mobile World. "O nosso faturamento de um ano é o orçamento de marketing deles. Vamos ser engolidos", ponderou Rafael. A conversa foi o primeiro passo nas tratativas sobre uma possível união de forças.

De volta ao Brasil, Fabricio seguiu conversando com Marcelo Sales, CEO da NTime, e a ideia de uma fusão ganhou consistência. Para selar o casamento, chegava ao território brasileiro um investidor-chave, o grupo de mídia sul-africano Naspers, que achou boa a ideia da união. Cada lado já tinha seus produtos e, juntos, poderiam construir um "ecossistema de tecnologia".

"Se juntarmos esses sete anões, temos uma história", disse um dos consultores da Naspers no Brasil na época. Sem nenhuma marca que se sobressaísse na fábula como uma Branca de Neve (o que só aconteceria no futuro, com a chegada e o crescimento do iFood), a comunhão de bens ficou mais simples. A fusão foi meio a meio e, assim, a conta era fácil: quem possuía dez por cento de uma empresa sozinho ficou com cinco por cento da nova companhia. Pouco depois de realizada a fusão, a Naspers oficializou a entrada no circuito, adquirindo 49 por cento do bolo.

Fabricio era um gestor de tato para lidar com investidores e acabou aclamado como CEO, ainda que com certo atrito com Marcelo, que se tornou o COO. Também seguiram no empreendimento Fábio Póvoa, do lado da Compera, e Rafael Duton, Leonardo Sales, Leonardo Constantino, Arthur Santos e Fabio Freitas, da NTime.

Se montar sociedade não costuma ser fácil, a fusão de duas tribos cheias de caciques tinha tudo para acabar em guerra. O passo seguinte à assinatura dos papéis seria a integração das equipes. A turma carioca da NTime se propôs a viajar para Campinas, o destino turístico menos óbvio, a cerca de quinhentos quilômetros do Rio. Fretaram um ônibus para os cinquenta funcionários, todos na casa dos vinte e poucos anos, oitenta por cento deles homens. Na parada no primeiro posto de gasolina, a turma animada comprou umas cervejas para brindar a nova fase. No segundo posto, mais umas latinhas. Entre cantorias e uma série de piadas homofóbicas sobre a lenda de Campinas ser a "cidade dos gays", a viagem seguiu em clima de euforia calibrada pelo álcool.

Quando a delegação carioca chegou ao churrasco organizado pelo grupo da Compera, os paulistas esperavam os novos colegas bem-arrumados, com camisa para dentro da calça, na tentativa de provocar uma boa impressão. Aguardavam ansiosos pela chegada do ônibus. Eis que o veículo estacionou, a porta se abriu e a delegação desceu fazendo barulho. Um dos primeiros a desembarcar puxou um grito do fundo do peito: "Ninguém bebe a água de Campinas!".

"Isso aqui não vai dar certo", disse Rafael para Fabricio. "Chegou todo mundo bêbado, enquanto o pessoal de Campinas, sentadinho na cadeira, me perguntava: esses são os caras com quem a gente vai trabalhar? Foi uma doideira total", recorda Fabricio.

No meio dessa pororoca cultural, que comporia um conglomerado de soluções *mobile*, haveria ainda a fusão com a Yavox, de Andreas Blazoudakis, forte em serviços de SMS para empresas e consumidor final, e a incorporação da companhia cujo nome seria usado para batizar todo o conjunto: a Movile, de Eduardo Lins Henrique.

Seria preciso um cartógrafo para mapear todos os afluentes que desaguaram na organização, tornada gigante nos anos 2010, sob a liderança de Fabricio. A mistura ainda daria muito errado, para só depois dar muito certo. Talvez porque, mesmo com estilos distintos e rivalidades passageiras, todas as pontas preservavam algo forte em comum: o histórico de se manter de pé e manter o foco mesmo quando não havia razão para otimismo.

Casca-grossa

Fabricio Bloisi e Eduardo Lins Henrique aproveitaram o Carnaval de Salvador de 1996 com pouco dinheiro no bolso. Anos antes de começarem a trabalhar juntos em uma corporação que se tornaria bilionária, eram colegas do curso de ciência da computação na Unicamp e logo ficaram próximos. Ao fim de um dia atrás do trio elétrico, estavam mortos de fome, mas, junto de outro amigo, só dispunham de dinheiro para o ônibus até a casa da família de Fabricio. "Vamos dividir dois cachorros-quentes em três e dizer ao motorista que precisamos pular a catraca, porque só temos grana para uma passagem", planejaram, com êxito.

Os dois já foram parceiros em outras gaiatices. Quando o soteropolitano tinha sua primeira empresa em Campinas e precisava ir a um almoço com possíveis parceiros mais capitalizados, Eduardo lhe emprestou seu Astra para fazer boa figura, pois o Uno rodado do jovem empreendedor poderia causar o efeito contrário (não fiquem com pena: ele agora pilota o próprio helicóptero).

Criados em lares de classe média, não se acomodavam com o padrão de vida confortável oferecido por suas famílias. Ao contrário: eram fuçadores, que arregaçavam as mangas para ir atrás do que desejavam. Aos oito anos de idade, Fabricio começou a aprender computação. Com doze, criou softwares para controlar estoque de lojistas.

Eduardo, que hoje é CEO da Wavy, braço de mensagens corporativas da Movile, baseada em Miami, se virava em qualquer situação. Na faculdade, comprava fardos de cerveja no gelo, colocava em um isopor no porta-malas "do Chevettão da tia Nancy" e vendia as latinhas na porta de shows e baladas para garantir o dinheiro da entrada. Ao mesmo tempo, impressionava os colegas ao conciliar a graduação na Unicamp com outra em marketing na Escola Superior de Propaganda e Marketing (ESPM) em São Paulo, a uns cem quilômetros dali. Sua trajetória de empreendedorismo é de uma improvável sobrevivência.

Em 1998, criou a microempresa Infosoftware com outro estudante, e o negócio prosperou rápido e conseguiu obter sala própria em uma incubadora da Prefeitura de Campinas. Em 2002, quando já tinha três dezenas de funcionários, iniciou o pior ano de sua vida profissional. O lugar sofreu um assalto em um sábado à noite, e os bandidos levaram todos os computadores. Não existia armazenamento em nuvens de dados, e os backups de cada máquina estavam ingenuamente arquivados nas outras do próprio local. Apenas os computadores de clientes e dois ou três notebooks casualmente nas casas de funcionários guardavam algumas informações dos projetos da Infosoftware. "Lembro que deitei no colo da Lidiane [já sua namorada da época, com quem se casou e teve dois filhos] e chorava que nem criança." Anos depois, levou um golpe de um suposto investidor, entre outras dificuldades. Aos vinte e poucos anos, já tinha afundado e recuado vários passos sobre o que conquistou desde a formatura. Não sobrou nem o Astra para contar a história. Mas sentia que não havia outro caminho além de empreender. Continuou a tentar e acabou conseguindo se reconstruir.

Enquanto isso, no Rio...

Depois do apito do juiz que confirmou o Vasco campeão brasileiro em cima do Palmeiras em 1997, um torcedor fanático, feliz da vida, deslizou da arquibancada do Maracanã para o vestiário, de onde conseguiu acessar o gramado. Cruzou o campo de joelhos, de ponta a ponta, com a bandeira do time vitorioso sobre as costas. O episódio dava pistas do estilo atirado de Rafael Duton, que naquele tempo participava do nascimento da empresa júnior da PUC, onde estudou engenharia da computação. Juntou-se ao grupo, ajudou a pensar no estatuto da entidade e também assumia tarefas comezinhas, como comprar papel para bloquinho de anotações. "Foi apaixonante aquele trabalho de empreendedorismo na veia, de ter que criar aquele negócio do zero. Aprendi muito cedo a fazer tudo, não ter tanta hierarquia, lidar com conflito de pessoas, vender projeto."

A empresa júnior deu certo, e o jovem se sentiu confiante, talvez até em demasia, para começar a carreira. "Um grande erro é achar que o sucesso passado garante o sucesso futuro, e não é assim. A verdade é que você acerta em alguma coisa, mas na próxima tentativa começa do zero, é outra batalha." Esse aprendizado só veio após frustrações. Uniu-se a amigos na criação de uma plataforma para investimento de ações pela internet, que não deu certo. Outro projeto, Up2Grade, de eventos de educação executiva que uniam profissionais de projeção a estudantes perto da formatura, virou vinagre com a dificuldade que tinha de conciliar com um emprego na grife Osklen.

O também carioca Marcelo Sales havia montado uma pequena empresa destinada a criar programas para celular em tecnologia wap. Ele e Rafael se aproximaram no primeiro dia de aula da PUC — ambos tinham cabelo comprido e se posicionaram no fundo da sala para tentar despistar as tesouras dos veteranos no trote. Quatro anos depois, se juntaram na start-up criada por Marcelo, o embrião da NTime (batizada assim para emular a sonoridade de *anytime*, ou "a qualquer hora", pois trabalhavam em um quarto onde era preciso revezar a cama para um dormir enquanto os outros trabalhavam). Como trunfo, já havia recrutado um desenvolvedor fora de série, o reservado Leonardo Constantino, apelidado de Cyber. Rafael ficou com a parte de negócios.

Em agosto de 2001, a start-up obteve um investimento de 125 mil reais, um dinheiro que deveria durar meses e subsidiar o crescimento. Empolgados, os jovens, ainda estudantes, decidiram desembolsar 20 mil reais em uma só tacada: um estande de nove metros quadrados na feira Telexpo Wireless, um evento futurista voltado à internet sem fio, a ser sediado — grave o nome do local — no hotel Gran Meliá World Trade Center, em São Paulo. Grandes operadoras de telefonia estariam presentes, e era uma chance de os moleques tentarem um bom contrato. Para impressionar, roteirizaram uma demonstração criada com o objetivo de tirar o fôlego dos presentes: um celular acessaria arquivos de um computador remotamente e mandaria imprimi-lo em um fax. Seria um show de ousadia digital.

A feira abriu as portas às nove horas de 11 de setembro de 2001.

Pois às 9h36 do horário de Brasília o primeiro de dois aviões se chocou contra uma das torres gêmeas do World Trade Center em Nova York. Se o mundo todo ficou em pânico, sem entender o que mais poderia estar por vir, a maior parte dos ocupantes da unidade paulistana do World Trade Center não quis pagar para ver. Muitas das empresas do complexo tiveram seus escritórios evacuados. A feira não foi cancelada, mas sofreu com a falta de público.

Os sócios da NTime se entreolhavam incrédulos. Fizeram a apresentação para um número de pessoas bem menor do que imaginavam. Porém foi o suficiente para embalar o começo da empresa. Após um ano de negociação, um dos contatos travados com os raros visitantes que decidiram permanecer rendeu um contrato de exclusividade com a Vivo para criar, em 2002, o Vivo Escritório Móvel, ferramenta de consulta de e-mails e outros dados, como agenda, por meio do celular, o que na época era uma revolução. No mesmo ano, um *quiz* da Copa do Mundo da Alemanha, desenvolvido pela NTime para a Claro, fez sucesso. Depois, contratos com operadoras de todo o Brasil foram sendo firmados. A empreitada enfim começou a ganhar embalo e a conquistar fama nacional.

Bolacha × biscoito

No dia seguinte ao churrasco de boas-vindas concedido pelos campineiros para os cariocas, a empresa recém-criada realizou uma reunião de planejamento. A ideia era fazer a fusão da forma mais organizada possível. Com a ajuda de uma consultoria, os sócios definiram salários por cargo. Na prática, a coisa demorou um pouco a amadurecer. Cada núcleo tinha suas idiossincrasias, seu vocabulário e suas necessidades.

"Estávamos em rota de colisão e vimos: se ficarmos nisso, não só não vamos construir a inovação que queremos como destruiremos o valor construído", lembra Rafael. A percepção de Eduardo era a mesma: "O começo foi um caos, a gente queimava dinheiro a torto e a direito, não tinha meta clara. O gestor saía de uma reunião na qual se definiam as coisas A, B e C e já sabotava, coisa de start-up não profissional". Fabricio faz coro:

> Logo depois da fusão, automaticamente dois silos foram criados: "o pessoal do Rio" e "o pessoal de São Paulo". Isso foi um desastre. Muitas grandes empresas são assim: o diretor de tec-

nologia não fala com o diretor de negócios; o diretor de negócios não fala com o diretor de vendas; o diretor de marketing odeia o diretor de *compliance*. É isso que faz com que parem de crescer, porque se gasta tempo com a falta de colaboração, cada um só trata da sua agenda. Depois corrigimos isso, mas foi um sofrimento gigante. A gente definiu como é a nossa cultura e garantiu que aquela empresa estivesse alinhada. E ficou assim: se você não concorda, talvez seja melhor procurar outro lugar. Se você não quiser procurar sozinho, a gente te ajuda. Foram uns oito meses até a coisa funcionar.

No embate, tudo era motivo para conflito e implicância, como o fuso horário diferente entre as equipes das duas cidades (mais matutino em Campinas, mais vespertino no Rio). Os cabeças da companhia lavaram roupa suja numa reunião de planejamento estratégico em um hotel de Petrópolis. Após alguns meses, sob supervisão de uma consultoria contratada para fazer o Frankenstein parar de pé, eles se reuniram num hotel fazenda de Indaiatuba. O clima foi de descontração, com dinâmicas para reforçar a confiança. Numa delas, pensada para ilustrar os desafios de comunicação no dia a dia da empresa, formavam-se duplas de executivos amarrados um no outro, cada uma com uma limitação. O primeiro tinha os olhos vendados, mas poderia falar (e questionar, reclamar). O segundo tinha a visão livre, mas a boca amordaçada (e se comunicava por meio de apertões e outros gestos). De sacanagem, um dos caras com os olhos descobertos deu o aval, por meio do tato, para que o parceiro, que não via nada, abrisse a braguilha da calça e fizesse xixi no chão do restaurante do hotel, pensando estar no banheiro. Antes que a vítima baixasse totalmente o zíper, porém, o algoz abortou a pegadinha. Quem estava em volta caiu na gargalhada, e a história virou uma das lendas da firma.

O time saiu do hotel mais unido do que entrou. Do encontro, nasceu o lema mantido até hoje: "Gente Firme", sigla para os princípios "Gente, Foco no cliente, Inovação, Resultados, Meritocracia e Ética". A elas se soma o "sonho grande", emprestado do 3G.

A convivência melhorou, e seguiram juntos, uns por mais alguns anos, outros até hoje. Administrar produtos maiores exigia uma boa dose de vocação corporativa que nem todos tinham. Em 2011, esse trabalho já estava concentrado em São Paulo, enquanto o Rio comandava uma área de inovação. Os cariocas se sentiam em mundos diferentes dos paulistas e decidiram deixar o dia a dia. Venderam pequena parte das ações e continuaram sócios, com bom relacionamento. Eles participam do grupo de WhatsApp e dos jantares ocasionais da chamada Movile Máfia, que reúne os sócios, investidores como Verônica Allende Serra (sócia de Jorge Paulo Lemann no fundo Innova Capital) e o fundador do Buscapé, Romero Rodrigues, hoje na Redpoint.

A história de sucessivas fusões e aquisições da Movile fez com que ela se tornasse um unicórnio diferentão no cenário brasileiro, uma espécie de bicho com muitas cabeças, que não se contenta com apenas um segmento de mercado — quer ser onipresente no smartphone dos usuários.

Desde meados dos anos 2000, seu diferencial já era a enorme variedade de recursos que, somados, transformavam simples celulares tijolões em centrais de negócios ou de entretenimento. Mesmo antes do surgimento do iPhone, suas soluções permitiam votar nos paredões do *Big Brother Brasil* ou organizar tarefas corporativas. Quando os aparelhos inteligentes se tornaram a regra no bolso dos brasileiros, a Movile manteve a vocação para a versatilidade, cercando os usuários por todos os lados — com serviços que agilizam suas rotinas (vendendo pizza no iFood ou ingresso de shows na Sympla, por exemplo), distraem as crianças pequenas numa viagem de carro (com o aplicativo Playkids) ou com soluções empresariais, como os disparos de mensagens SMS que vão de aviso de promoções a cobranças feitos pela Wavy, com sede em Miami.

O sonho grande declarado da Movile é impactar a vida de 1 bilhão de pessoas —praticamente um em cada oito habitantes da Terra. Para isso, seus líderes costumam repetir: "O que nos trouxe até aqui não é o que nos levará até lá". A maior tradução desse pensamento foi eleger um nome de fora da tradição da Movile para substituir Fabricio Bloisi como CEO do grupo em 2020, quando este passou à presidência do conselho e seguiu como CEO do carro-chefe iFood. Mesmo em meio a talentos internos, o escolhido foi Patrick Hruby, que havia entrado na Movile poucos meses antes. Com MBA na Universidade Yale, Patrick conheceu Fabricio e Eduardo na década anterior, quando trabalhava no Google, em Mountain View. "Levei os dois para almoçar comigo. Eles me disseram que queriam dominar o mundo e que eu deveria trabalhar com eles", recorda. Patrick passou ainda sete anos no Facebook, onde chegou a vice-presidente na América Latina. Era, enfim, alguém acostumado a atuar em colossos tecnológicos que são exemplos para as aspirações da Movile.

Cofundadora

Enquanto a Movile era criada pela junção de núcleos distintos, o cofundador da NTime Leonardo Constantino adiava a própria transformação. Não sabia por onde começar.

Nascido em 1977, o garoto calado de classe média baixa desejava ter um computador. Ele não gostava de se misturar aos outros meninos durante o recreio — as aulas de educação física eram uma chateação — e imaginava que a máquina seria o caminho perfeito para se isolar.

Divertia-se muito mais em momentos introspectivos, quando mergulhava às escondidas no guarda-roupa da mãe e se cobria com suas roupas, colares e pulseiras. Sempre percebeu que havia algo diferente nele. Pensava que, com um computador em casa, conseguiria se isolar do mundo e teoricamente se proteger do sofrimento social. E foi o que fez progressivamente, ao ganhar de presente, aos dez anos, seu MXS, e, aos quinze, seu primeiro PC. Tornou-se um desses geniozinhos da informática, vestindo a casca de jovem nerd branquelo em pleno Rio de Janeiro.

Aprendeu a programar meio na raça, e no vestibular não teve dúvida. Ingressou no curso de engenharia da computação na PUC-Rio, na qual, por critério de desempenho e comprovação de baixa renda, obteve bolsa integral. Matriculou-se em uma matéria sobre soluções wap, a tecnologia daquele momento para comunicação por internet móvel. Ficou feliz quando Marcelo Sales o convidou, por meio de um bilhete repassado em sala de aula, para se tornar sócio na empresa de conteúdo para telefone celular que estava criando. Trabalhava em uma empresa de segurança da informação, com salário de 2 mil reais por mês, mas resolveu encarar os trezentos reais e os dez por cento de participação na NTime, animado com a possibilidade de criar joguinhos. O primeiro foi de bateção de pênaltis. Esse percentual seria a base para que se tornasse sócio de um dos unicórnios mais ambiciosos do Brasil.

Pouco antes da fusão da NTime com a Compera, em 2007, Leonardo aceitou um convite para trabalhar na Microsoft, em Seatle, onde passou dois anos e meio. Acompanhou de longe o tiroteio Rio × Campinas. Na mesma época, se casou com uma fotógrafa, união que durou sete anos.

Em 2015, já divorciado, vivia uma fase de grande angústia. Chegou ao consultório de uma psicóloga e dividiu de cara o que lhe afligia: "Eu preciso saber quem eu sou". A resposta veio em etapas. Começava ali a se revelar Monique Oliveira. Leonardo saiu de cena.

Monique é uma mulher transexual de cabelos longos, castanho-claros, com luzes suaves. Vive no bairro do Flamengo. A paixão por informática se mantém viva, e herdou de Leonardo o apelido agênero, Cyber. O primeiro nome veio da paixonite platônica de infância, que em algum momento percebeu ser não amor, mas admiração por um ideal feminino.

A parceria com Marcelo Sales e Rafael Duton continuou, junto a outros sócios, como o americano Benjamin White, na aceleradora 21212, que frutificou em diferentes negócios. Monique, que enfim se reconhece no espelho, dedica seu know-how a uma plataforma de reconhecimento facial, o KeyApp, que usa inteligência artificial para controle de acesso de empresas e eventos.

O tratamento hormonal começou em 2017. Os pelos do peito e do rosto diminuíam progressivamente e o corpo começava a ganhar traços femininos, mas a estampa ainda era de homem. Nesse mesmo ano, marcou um encontro com os sócios, fazendo mistério sobre o assunto a ser tratado. Queria contar a todos, de uma vez, o que se tornaria mais e mais perceptível. "Que saco, parece mulher, conta logo", disse um deles, que queria enterrar a cabeça no chão pelo comentário depois que foi revelada a transição de gênero. De imediato, os presentes relembraram das piadas homofóbicas que o grupo tinha feito, como quando foram servidos por uma garçonete travesti em um restaurante e "apostavam" quem da mesa a profissional deveria estar paquerando.

No ano seguinte, a mudança de visual ficou completa. A

ex-mulher de Leonardo se tornou a melhor amiga de Monique. Juntas, foram para Miami fazer a aguardada renovação do guarda-roupa. Foram dias entre shoppings e outlets. Pelas calçadas da badalada Ocean Drive, Monique caminhou de salto alto, com os cabelos ao vento, as unhas feitas, batom vermelho, vestidos coloridos e lingerie. Lanchou no *diner* onde foi gravado o filme *Moonlight*, de temática gay, vencedor do Oscar. Sentia-se feliz como nunca. "Pela primeira vez, pude ser eu mesma. Na voz, no andar, na intensidade, no gesto." No voo de volta, chorou. Percebeu que depois do desembarque precisaria voltar a se vestir como Leonardo e só aos poucos assumir o visual de Monique.

As primeiras intervenções cirúrgicas de feminilização de face e implante de silicone nos seios foram marcadas para abril de 2020, na Espanha, mas acabaram desmarcadas devido à pandemia. Ansiosa, evitou cancelar até a última hora a passagem de primeira classe da Avianca. Antes mesmo das operações, no entanto, cada passo de seu tratamento hormonal já pressupunha uma readequação. Lidar com o crescimento das mamas, por exemplo, era ainda mais doloroso, porque esbarrava com elas em tudo.

Monique faz acompanhamento frequente com uma endocrinologista, que conheceu por indicação, mas da qual já tinha ouvido falar em reportagens sobre a transição de gênero da personagem Ivana (Carol Duarte) na novela *A força do querer*, da TV Globo. Ingere estrogênio, bloqueadores de testosterona e faz hemogramas periódicos.

O impacto do reaprendizado social também é grande. Em posts nas redes sociais, celebra situações cotidianas que seriam banais para outras pessoas ("Moça, já tem o cartão C&A?") e se queixa de homens em aplicativos de namoro que a acham bonita, mas cortam a conversa ao perceber se tratar de uma mulher trans. Como antídoto, Monique comenta sempre com naturalidade a própria transição, e já voltou à Movile duas vezes para falar aos funcionários em eventos sobre diversidade.

Em abril de 2019, ela postou em seu blog o texto "Léo", uma espécie de carta de despedida e de nascimento.

Léo se foi. Na verdade nunca esteve.

Léo foi uma construção, uma tentativa, um holograma. Uma ingenuidade pensar que se pode lutar contra nossa natureza.

Léo foi idealizado para ser tudo que eu observava que um homem deveria ser. Um avatar para cumprir um papel. Meio fake, desconectado do mundo real... Ainda sofro sequelas.

Léo cumpriu esse papel razoavelmente bem. Mas no caminho fez muita lambança. Machucou muita gente que não tinha nada a ver com a história. Ele também não sabia da história toda. Sofria muito "sem saber" o motivo.

Léo me protegeu bastante. Como não sabíamos lidar com a situação, o mais óbvio que pensamos foi me esconder. E isso ele fez muito bem. Fiquei quieta no meu canto por bastante tempo. E ele na linha de frente.

Agora Léo foi descansar. Carregar a responsabilidade de uma vida por tanto tempo cansa bastante.

Obrigada Léo <emoji> Você fez o seu melhor.

= M =

Até então, sempre se disse que Cristina Junqueira, do Nubank, era a única mulher cofundadora de um unicórnio brasileiro. Ganha a companhia de Monique nessa história.

9
Alcatra, arroz, feijão e suco

iFood

SYDNEY, AUSTRÁLIA, início do ano 2000. Um paulistano de 23 anos, poucos trocados no bolso e um nome que vale por três — Carlos Eduardo Moyses — dá a partida em uma lambretinha vermelha de cinquenta cilindradas que não vale quase nada, no pátio da unidade da Pizza Hut na região da praia Manly, debaixo de chuva forte, para fazer uma entrega.

Formado em administração de empresas pela PUC, ele se empregou como entregador para bancar a temporada de estudos de inglês no país. Chegou no final do ano anterior sem saber praticamente nada do idioma. "I want a job" (eu quero um trabalho) era o que falava de porta em porta em restaurantes da metrópole, sem entender quando devolviam as questões mais básicas, como "What kind of job?" (que tipo de trabalho?). Em meio a mal-entendidos, confusão e um pouco de mímica, conseguiu a primeira oportunidade: começou lavando pratos em um estabelecimento de culinária variada, mas em menos de dois meses entrou na rede de pizzarias.

Nessa noite chuvosa, há pedidos demais e entregadores de menos na franquia, de modo que é preciso acelerar. A água deixou as ruas enlameadas e a moto cinquentinha não deu conta do recado. Com as chacoalhadas do caminho, a pizza de pepperoni chegou disforme até as mãos do cliente, que abriu a caixa a tempo de dar um sabão no motoqueiro. Sem graça, o jovem se propõe a voltar com uma nova pizza, intacta, o quanto antes. Então se apressa: dá um grau na lambreta, retorna à cozinha, explica a situação e sai de lá com outra caixa. A chuva continua. A metros do destino, põe tudo a perder em uma derrapada. Acaba espalhado no chão, com a comida novamente destruída, no meio da sujeira molhada do asfalto, sob o olhar do cliente esfomeado.

São Paulo, Brasil, 23 de janeiro de 2020. Devanir da Silva, 31 anos, deixa o restaurante Dona Jú, na avenida Nossa Senhora da Assunção, no Butantã, em São Paulo. Está em sua Honda Fan 150, com uma mochila quadrada nas costas, carregando um pedido feito pelo aplicativo iFood.

O dorso da mão esquerda, que controla a embreagem, traz uma tatuagem com a frase "Fé em Deus". O pescoço estampa o nome do pai, Sebastião, em alfabeto árabe. Nos pensamentos, conta, vão os dois filhos pequenos, a mulher e o sonho de trocar a casa própria na região do Butantã por um apartamento. Naquela quinta-feira cinza com chuva fina suficiente para deixar poças no asfalto, cruza a zona oeste de São Paulo, passa pelo engarrafamento da chegada a Osasco, faz um caminho intermitente em meio aos muitos semáforos da avenida dos Autonomistas, onde estaciona às 14h07 para a entrega do dia — bife de alcatra, arroz, feijão, batata frita e um suco de uva — na sede corporativa do próprio iFood, na qual trabalham cerca de 2 mil profissionais.

Nesse mesmo momento, em uma poltrona do segundo andar do prédio está um dos executivos brasileiros mais importantes de empresas de tecnologia, hoje com inglês fluente e a experiência de dois anos como CEO no aplicativo de delivery, que vale àquela altura mais de 2 bilhões de dólares. Em seu crachá se lê: Carlos Eduardo Moyses.

Em meio a essa passagem de tempo, muita coisa aconteceu. Por ironia, poucos anos antes uma das missões de Carlos era unir todas as armas que tivesse para lutar todos os dias justamente contra a marca iFood.

Mais simples e mais rápido

O ancestral do iFood é o Disk Cook, criado em 1997. Uma revistinha distribuída reunia anúncios de restaurante com o número do call center da empresa, que repassava por fax para os estabelecimentos os pedidos feitos pelos clientes. A estrutura envolvia ainda uma rede de motociclistas conectados por Nextel, que levavam os pratos e faziam a cobrança no destino final. Preparar e embalar a comida eram a única tarefa fora da responsabilidade do serviço. O restante era com o Disk Cook.

E esse era o problema. Ao mesmo tempo em que tinha um portfólio com bons restaurantes paulistanos, a exemplo do Mestiço, do Antiquarius e do Freddy, o negócio sofria com a complexidade de cuidar de todas as pontas. Os problemas iam das longas chamadas telefônicas feitas por clientes indecisos a assaltos aos entregadores, que na época carregavam bolos de dinheiro.

Em 2009, os amigos Felipe Fioravante, Patrick Sigrist, Eduardo Baer, Guilherme Bonifácio, egressos da empresa júnior da FEA, deixaram seus bons empregos em consultorias ao redor do mundo para se aliar ao empresário Patrick Eberhardt, principal sócio do Disk Cook, com o objetivo de modernizar o modelo. A evolução foi lenta, até que, dois anos depois, parte do grupo decidiu tirar do papel a ideia do iFood, com um conceito diferente: criar uma plataforma digital (inicialmente, um site) que conecta clientes, restaurantes e motociclistas. O Disk Cook ainda demoraria mais um pouco para abolir seu atendimento telefônico.

No começo do iFood, as solicitações dos usuários chegavam ao restaurante impressas em uma maquininha igual às de pagamento por cartão, readaptada para essa função. Só mais tarde as ordens passaram a aparecer num aplicativo específico.

No Brasil, como no resto do mundo, uma série de serviços semelhantes foi lançada. Um dos maiores concorrentes era o RestauranteWeb, que em 2011 foi comprado pela inglesa Just Eat. Carlos Eduardo Moyses chegou à companhia como CFO em 2012 e meses depois virou CEO, com a saída de Emerson Calegaretti, que se tornou sócio em um projeto concorrente, o HelloFood, ligado ao fundo alemão Rocket Internet.

Se a cordialidade marcava a relação pessoal com os donos do iFood — Carlos eventualmente saía para jantar com Felipe Fioravante e Patrick Sigrist —, "nas ruas, a concorrência era guerra". A grande disputa começava pela rede de restaurantes cadastrados.

Carlos chegou a achar que estava no lado mais forte, o de um negócio multinacional, mas logo ficou claro que o Brasil não era a grande prioridade dos ingleses. O executivo queria expandir, por meio de aquisições de aplicativos menores do Nordeste, mas a matriz estava mais focada em mercados como o da Espanha e o do Canadá. "Eu estava cheio de apetite e os caras tinham zero apetite."

O iFood, em paralelo, surpreendia com alguns golaços. O primeiro foi apostar no desenvolvimento de um aplicativo para celular, quando poucos brasileiros dispunham de smartphones, saindo assim na frente no modelo que se tornaria padrão. "Tínhamos levado muito tempo para fazer o nosso site e não quisemos repetir esse erro. Então lançamos rapidamente um app bem simples do iFood, que mais tarde foi aprimorado", lembra Felipe.

Outro combustível foi o investimento de 5,5 milhões de reais feito pela Movile, em troca de um terço do aplicativo. Fontes próximas ao negócio relatam que a Naspers, investidora da Movile, era contrária à aquisição, mas foi convencida pelos executivos brasileiros.

Assistindo ao crescimento dos rivais, Carlos procurou os ingleses e sugeriu que pensar em uma fusão era o melhor caminho para a sobrevivência. Sócios do iFood voaram para Londres e iniciaram a conversa, da qual Carlos não participou. "Me disseram: legal você ter nos aproximado, mas enquanto não fechamos negócio você tem que continuar inimigo dos caras. Vamos te atualizando."

As tratativas pareciam nunca terminar. Dez meses depois, Carlos foi chamado na Inglaterra e ouviu que o acordo estava praticamente selado, de um jeito bem diferente daquilo que imaginou: a marca iFood prevaleceria, e o CEO não seria ele, mas Felipe Fioravante. Deveria se entender com o outro lado para definir sua nova posição, com uma observação: se, depois do papo, ele tivesse algo contra esse casamento, ele não se concretizaria. "Eu tenho pouco ego, para não dizer que não tenho nenhum. Queria fazer parte, estar na tomada de decisão, mas o cargo não era importante." Acabou ficando na posição de diretor-geral e depois virou o CFO.

Já os cerca de 140 funcionários, treinados a combater uns aos outros, levaram um susto com a união. "A gente não vendeu muito bem a ideia para o time do iFood. Quando chegou o pessoal do RestauranteWeb, foi uma coisa meio: 'Como assim eles vão trabalhar aqui?'." Com a integração dos negócios, parte da equipe de operação foi demitida, mas gente de todas as áreas pediu para sair no meio da confusão.

Quem sentiu o golpe foi o concorrente HelloFood. O fato de Emerson Calegaretti ter deixado o comando do RestauranteWeb para inaugurar o negócio acentuava a rixa. Para piorar, o HelloFood e a operação paulistana do iFood ficavam no mesmo condomínio de escritórios comerciais em São Paulo. Em outubro de 2015, quando o iFood chegou a 1 milhão de pedidos mensais, fez questão de promover uma festa bem barulhenta, de propósito, para que os rivais pudessem ouvir e morrer de raiva. Compraram buzinas a gás e capricharam nos decibéis das músicas. "Fomos punidos com uma multa para cada uma das quatro casinhas que ocupávamos. Quase terminamos expulsos, mas valeu a pena. A gente gritava, festejava", lembra Carlos.

Além de disputar público e restaurantes, os inimigos iFood e HelloFood se digladiavam na corrida por aquisições de empresas menores. A convivência no mesmo condomínio fazia a fofoca disparar aos níveis da mais provinciana das cidadezinhas. Havia episódios como o do Entrega Delivery, de Campinas, que negociou com o iFood, mas logo foi visto no escritório do HelloFood, com quem fechou negócio, algo considerado um desaforo para o lado perdedor. Ao todo, o iFood fez cerca de quinze aquisições no país inteiro.

A guerra dos tronos só acabou em 2016: o iFood, maior e famoso por propagandas estreladas por celebridades como o ator Fábio Porchat, comprou o HelloFood. Virou a Netflix dos apps de comida, mantendo os concorrentes Uber Eats e Rappi a uma distância considerável (mais de setenta por cento de mercado, segundo relatório da Just Eat em novembro de 2019). E isso é praticamente regra nesse reino: os concorrentes disputam, travam guerras de preço, até que o embate culmina na linha "o vencedor leva tudo". Se nos negócios tradicionais pode haver grandes redes de material de construção, petshops ou fabricantes de automóvel competindo na mesma região, aqui só resta espaço para um grande app de comida, de táxi, entre alguns outros casos. O iFood passou a brigar consigo mesmo, ou melhor, contra o telefone e o fogão. Os restaurantes parceiros pagam ao iFood um percentual sobre os pedidos. No plano Básico, no qual usa entregadores próprios, é de doze por cento. No plano Entrega, com a rede de mensageiros conectados pela plataforma, 27 por cento. Também há uma mensalidade de cem reais no primeiro caso e 130 reais no segundo para quem vende mais de 1800 reais mensais.

O aplicativo é uma boa alavanca de vendas para o restaurante que tem uma margem de lucro razoável sobre a produção, mas precisa aumentar o volume de demanda. Há lugares onde delivery dá tão certo que o restaurante reduz os gastos do salão e reforça a cozinha, apostando no cliente que está em casa, sem ocupar mesa e precisar de garçom ou toalhas limpas. Pode ser inadequado, porém, para estabelecimentos com as contas bagunçadas ou que trabalham com margens achatadas — o que não é incomum no setor de alimentação —, por vezes menores que a fração do aplicativo. Além dessa conta, vale considerar que o estabelecimento ganha ou perde pedidos dependendo da ordem em que aparece nas buscas, por critérios que vão de preço à avaliação média dos usuários.

E os autônomos que se logam nas plataformas digitais — os entregadores do iFood e da Loggi, os motoristas da 99? Quem são eles dentro dos unicórnios? Eis um ponto de discordância, inclusive judicial. Há quem defenda a relação mais liberal, na qual o motoqueiro é totalmente independente e tem a vantagem de decidir quando irá se dedicar. E o lado oposto, para o qual é necessária uma relação trabalhista formal, com carteira assinada, FGTS, grade definida. Autonomia versus proteção.

Existe ainda um meio-termo na discussão, o da autonomia com alguma regulação, ganhos mínimos garantidos e benefícios. Nesse último quesito as empresas avançaram mais. O iFood oferece seguro contra acidentes para mensageiros em serviço e desconto em plano de saúde, por exemplo.

Estabelecer limites de horas para as jornadas diárias, de modo que ninguém trabalhe além do que é sadio para o corpo e para a mente, é outra demanda de quem pensa na integridade dos profissionais — e também na segurança de quem vai cruzar com suas motos e bicicletas no trânsito.

Nessa discussão, na qual não faltam descaso de alguns e demagogia de outros, muitas vezes se ignora a opinião de seus protagonistas: os próprios mensageiros.

Conversei com entregadores antes e durante a pandemia: eles gostam da flexibilidade de horário, se queixam da oscilação de demanda e pleiteiam ganhos maiores. A paralisação de 1º de julho de 2020, chamada de "Breque dos Apps", teve a adesão de milhares e deu força à categoria. O apoio dos consumidores é crescente, o que faz as empresas se mexerem. Falo mais sobre isso no fim do capítulo.

Troca de comando

Com investimento maciço em publicidade, a marca iFood foi se tornando onipresente nas ruas e na mídia, com campanhas irreverentes. Em 2016, estreou no intervalo do *MasterChef*, da Band, o comercial no qual a nutricionista Bela Gil diz que vai pedir um *wrap* de alcachofra, berinjela e castanha, com molho tahine, um pudim de chia com calda de mirtilo e um suco de cupuaçu com cambuci, enquanto a cantora Preta Gil, sua irmã, sugere substituir tudo por um *double cheeseburger bacon egg* com maionese.

Nessa época, o CEO ainda era o discreto Felipe Fioravante, que precisou se acostumar a uma agenda frequente de entrevistas. A aceleração do negócio, seja nas retas ou nas curvas, começava a provocar algum enjoo. De um lado, Felipe passava muito tempo lidando com a parte política do empreendimento — negociações com investidores, por exemplo — e menos do que gostaria na operação em si.

Em outro ponto, via com alguma reserva o excesso de subsídios ao consumo, especialmente para aqueles cupons, às vezes com valores inacreditáveis, que incentivam a compra. É um jogo de prós e contras, bem ao estilo *blitzscaling* citado na introdução deste livro. O iFood não divulga números, mas os relatórios de 2019 da inglesa Just Eat, com 33 por cento de participação na operação brasileira do aplicativo, indicavam Ebitda negativo (lucro antes de impostos, juros, depreciação e amortização) entre 80 e 100 milhões de libras. Tudo uma estratégia, claro, de crescimento vigoroso. Eram 2,8 milhões de pedidos mensais em 2016 e mais de 26 milhões no final de 2019. Quando a mulher de Felipe foi aprovada em um mestrado na Inglaterra, ele achou que era o momento de vender sua parte (por um valor milionário não revelado) e passou o cargo para Carlos Moyses. Felipe realizou o sonho de muitos empreendedores, que, segundo ele, não era o seu: sair com uma gorda fatia de um negócio bem-sucedido aos 32 anos e entrar muito jovem em um doce período sabático de término indefinido. Ou seja, não precisar mais trabalhar. "Quem cria uma empresa pensando em quando vai vender já começou errado. Mas senti que era a hora certa."

Entre outras várias viagens, fez uma de três meses por países como Egito, Índia e China, assistiu à Copa da Rússia in loco, viu o tenista Roger Federer ser octacampeão no torneio de Wimbledon em 2017. Avesso a holofotes, aproveitou para viver a vida longe do palco. Parou de conceder entrevistas e não gosta de dar palestras. "As pessoas não querem que você fale verdades e destrua o sonho delas", justifica.

Entre as conclusões inconvenientes que Felipe costuma partilhar e nem sempre agradam: a) quem não está disposto a sacrificar as próprias férias do trabalho ou da faculdade para testar a viabilidade de um empreendimento não deveria nem começar, pois os anos que virão pela frente serão de pouco descanso; b) é mais provável ganhar dinheiro com um bom emprego que montando a própria empresa; e c) transformar hobby em negócio é estragar as duas coisas.

Coerente com a lógica do último item, restringe aos amigos o consumo da cerveja Fiora's Beer, produzida de forma artesanal num cômodo da casa do pai, onde montou praticamente um pub particular, em estilos como Ipa, Lager e Witbier. Para acompanhar, segue pedindo comida por aplicativos, mas confessa que às vezes opta pelo concorrente Rappi. "Escolho o que tiver o melhor cupom."

Deu ruim na novela

Com gente no banco da moto ou no banco dos gestores, o iFood se firma a cada pizza como um unicórnio de fama internacional, com foco crescente em inteligência artificial, que deverá refinar a capacidade de prever o que o consumidor deseja, e promove os primeiros testes com robôs entregadores em pequenas áreas.

Ser um dos comandantes desse império em expansão pressupõe uma rotina de atenção permanente. Ainda eram cinco horas da madrugada do dia 19 de setembro de 2019 quando Carlos tomou um táxi no aeroporto de Guarulhos e seguiu para casa, na zona sul de São Paulo. Voltava de um voo internacional de mais de dez horas e plugou os fones nos ouvidos no celular para assistir pelo Globoplay ao capítulo anterior da novela das nove da TV Globo, *A dona do pedaço*. O executivo não é noveleiro, mas virou espectador assíduo de programas da TV aberta, como *Domingão do Faustão* e *Caldeirão do Huck*, à medida que a plataforma se tornou um grande anunciante na cruzada de convencer o público a pedir comida pelo smartphone.

No capítulo anterior de *A dona do pedaço*, dois figurantes apareciam vestidos como entregadores do iFood, com a roupa vermelha e a mochila da marca, em uma exposição bastante chamativa e inserida na trama: ao ver os profissionais, o pugilista Rock (Caio Castro) tem a brilhante ideia de vender os bolos da confeiteira Maria da Paz (Juliana Paes) no iFood. Era o canhão da audiência da novela a serviço do marketing da empresa (uma inserção custa cerca de 1,5 milhão de reais). Duas cenas depois, porém, a satisfação azedou: Kim (Monica Iozzi), justo a personagem superconectada da trama, resolve pedir o jantar e ligar para o restaurante: "Alô? Eu queria fazer um pedido, uma pizza". Pegar o telefone era justamente aquilo que o anunciante queria ensinar o público a *não* fazer. Carlos deu uma passada de olho nas redes sociais e percebeu que, enquanto voava, uma baita crise de imagem havia sido construída, com o deboche geral diante da saia justa com o patrocinador.

"Eu fiquei maluco", recorda. Ele tomou um banho em casa e seguiu direto para a sede da empresa em Osasco. "Como assim, que porra é essa?", saiu questionando a equipe de marketing, já em uma operação de guerra desde a noite anterior, em contato com a Globo, planejando o que fazer.

A saída foi aderir às provocações dos internautas. O aplicativo distribuiu um cupom de desconto de quinze reais batizado de #AprendeKim e, nas redes sociais, provocou o autor da novela, Walcyr Carrasco, em letras maiúsculas: "PÔ, WALCYR. ONTEM VOCÊ FOI CARRASCO. COLOCAR A KIM LIGANDO PRA PEDIR PIZZA? ISSO É TÃO 2006...;-)".

A emissora providenciou às pressas, para dois capítulos depois, numa sexta-feira, uma cena em que a mesma personagem de Kim checa as notificações do celular e celebra: "Ai, cupom de desconto no iFood! Maravilhoso! Amei!". As oito palavrinhas serviram como indenização pelo fora. A avaliação, no fim das contas, é que a marca saiu da crise melhor do que entrou. As redes sociais riram tanto da situação que pedir comida por telefone é que virou sinônimo de gafe.

Em agosto de 2019, o iFood passou pela primeira vez de 20 milhões de pedidos mensais. Nessa época, Carlos já estava num processo de transição do cargo de CEO para o chefe Fabricio Bloisi, o número um da Movile, oficializada em novembro, quando o total de pedidos mensais chegou a 26,6 milhões. Assumiu então como vice-presidente corporativo, com uma responsabilidade prioritariamente internacional: a expansão para o restante da América Latina.

Coube a Fabricio liderar a empresa no período da pandemia. O iFood foi um *case* de sucesso durante a quarentena, mas nem por isso passar por essa fase se tornou fácil. "De zero a dez, o estresse foi doze", resume. Ainda em fevereiro, ele começou a captar os primeiros sinais de como o Brasil seria afetado. A Sympla, também integrante do grupo Movile, percebeu que o setor de grandes shows e eventos poderia sofrer um apagão, com fortes prejuízos para seu negócio de venda on-line de ingressos, e montou um comitê de crise na Quarta-feira de Cinzas, dia 26 de fevereiro, quando a hipótese de algo parecido com o lockdown enfrentado pela Itália parecia improvável para o Brasil. Em paralelo, a plataforma se beneficiou de alertas da Naspers, que havia vivenciado antecipadamente a pandemia com a chinesa Tencent, da qual também é investidora. O iFood então montou um cronograma de ações escalonadas para o primeiro, o segundo e o terceiro mês, caso a doença se espalhasse por aqui. "Tudo soava distante. Tínhamos um plano, mas parecia que ninguém usaria."

Em 13 de março, a plataforma iniciou a fase 1 e colocou metade do time corporativo em home office. No segundo dia, decidiu pular para a fase 2, prevista para o segundo mês, deixando mais gente em casa. No terceiro, voou para a etapa número três: viagens proibidas, todos os funcionários em trabalho remoto e lançamento de programas de proteção aos entregadores. O fundo de ajuda era inicialmente de 1 milhão de reais, destinados aos mensageiros do grupo de maior risco ou que apresentavam sintomas da covid-19 (eles receberiam um valor proporcional ao que faturaram semanas antes). Cinco dias depois, o valor passou para 5 milhões de reais. Em pouco tempo, virou 25 milhões de reais. Passaram a dobrar as gorjetas dadas pelos clientes. A procura de motociclistas e ciclistas para se cadastrar na plataforma quase dobrou. Ao mesmo tempo, um duelo de imagem se estabeleceu nas redes sociais e em algumas reportagens. iFood e seus concorrentes Uber Eats e Rappi prestavam um bom serviço ao colaborar para que as pessoas ficassem em casa e, ao mesmo tempo, garantia a renda dos entregadores, muitos deles antes desempregados? Ou deixava esses autônomos mais vulneráveis em plena pandemia, sem a segurança do vínculo empregatício? "É um pouco frustrante ouvir reclamações de todos os lados, mas faz parte. Conseguimos evitar que dezenas de milhões de pessoas saíssem às ruas e que centenas de milhares de restaurantes não fechassem", diz o CEO.

Era fundamental zelar pela sobrevivência dos restaurantes, impedidos de receber seus comensais. Um cenário de quebradeira geral atingiria em cheio o negócio. Anteciparam recebíveis, diminuíram sua porcentagem em pedidos e adotaram a taxa zero para pedidos retirados no endereço. Em março, já sob efeito da quarentena nas grandes cidades, o aplicativo bateu recorde de 30,6 milhões de entregas. A demanda animou o setor. No mês seguinte, o número de estabelecimentos cadastrados passou de 142 mil para 160 mil. Para o sonho grande do iFood, interessava menos o faturamento na situação atípica da pandemia e mais o quanto a situação emergencial convenceria clientes e estabelecimentos a aderir de vez aos seus serviços.

10
Quero trabalhar aqui

Stone

A DESPEITO DO SOL A PINO sobre a cidade paulista de Itu, quem pôs para tocar em alto volume "Rock and Roll All Nite", do Kiss, entendeu bem o espírito da coisa. A euforia transborda nesse 6 de dezembro de 2019, uma sexta-feira, no resort onde acontece a finalíssima do Recruta, o processo seletivo dos trainees da fintech Stone, unicórnio valioso, que manteve seu *valuation* acima de 10 bilhões de dólares mesmo com a pandemia.

A empresa de meios de pagamento é mais conhecida pelas maquininhas verdes de cartão, mas, a partir delas, oferece serviços digitais, como ferramenta de gestão de negócios e fidelização de clientes e empréstimos para estabelecimentos comerciais a juros baixos, aproveitando as vantagens de estar conectada diretamente ao duto de entrada do dinheiro nos negócios e ter assim acesso aos dados do caixa da companhia. Além disso, tem uma série de serviços digitais pelos quais passa o pagamento on-line de boa parte do e-commerce brasileiro.

A seleção de trainees semestral é uma das maiores do Brasil. Foram 70 mil candidatos nessa edição. Mas há outras características mais impressionantes no Recruta, uma peneira para lá de diferentona, por uma série de aspectos esquisitos à primeira vista, mas que vão se justificando à medida que o dia escurece.

O encontro no Novotel Itu Golf & Resort é uma espécie de confinamento. Os finalistas passam três dias dormindo no hotel, onde estudam os projetos a serem apresentados. São ideias de negócios para a própria Stone, seguindo as orientações passadas dez dias antes. Eu também dormi lá e demorei muitas horas para entender qual era a ideia daquele intenso festival, em que todo mundo parecia ter tomado Red Bull intravenoso antes de o sol nascer.

O primeiro choque foi perceber que apenas quatro jovens — uma garota e três caras, entre vinte e 25 anos — foram escolhidos para essa derradeira etapa. Sim, quatro, em um funil que começou com 70 mil. A proporção parece surreal? Pois ficará ainda mais. Na manhã de sexta-feira chegam ao resort cerca de duzentos funcionários vestindo camisetas verdes. Aqueles que optaram por ir de ônibus deixaram a sede da companhia em São Paulo às seis da manhã para fazer a viagem. O retorno só acontecerá no dia seguinte. Eles têm a missão de ajudar o alto clero da empresa a avaliar os candidatos. A conta é essa mesmo: duzentos para pôr à prova quatro pessoas. Não há um número de vagas definido. Pode ser que os quatro passem, e em tese pode ser que nenhum — cada candidato luta contra si mesmo. Tudo dependerá do desempenho nesse dia, numa maratona de provas, provações e provocações.

Até dois anos antes, a imersão incluía provas comandadas por um ex-capitão do Batalhão de Operações Policiais Especiais (Bope), do Rio de Janeiro. Tinha candidato que levava copo d'água na cara, entre outras cenas à moda *Tropa de elite*. Recentemente, a coisa ficou menos Capitão Nascimento, mas foi mantida a inspiração militar, em especial nos rituais do Navy Seals, o grupo de elite da Marinha americana, que, entre outras façanhas, matou Osama Bin Laden.

A disciplina também será rígida para os duzentos profissionais que participam da avaliação. Estar ali é como ter uma medalha de excelência no peito, pois as duas centenas foram escolhidas entre cerca de oitocentos funcionários que se prontificaram a participar. Não poderão ficar entrando e saindo das salas de apresentações e muito menos desaparecer durante o dia. A ideia é que façam o contrário disso, agindo como soldados da Stone: se engajem, prestem atenção, opinem, ajudem a fazer a festa nos momentos de descontração e puxem os gritos do fundo do peito quando solicitados.

O dia será longo e reserva surpresas. Haverá uma celebridade. Acontecerão quatro provas a céu aberto. Os presentes também estão curiosos para saber qual será o destino dos perdedores. Nas edições anteriores, à noite, logo após receberem a má notícia reservadamente, eram conduzidos para outro hotel, longe da festa dos vencedores.

Uma máquina de fumaça e um canhão de papel laminado estão preparados para o fim do dia, dali a umas catorze horas de atividades ininterruptas, quando o resultado será conhecido, num clima de final da Champions League.

Em vários momentos, a equipe repete o grito curto do filme *Os 300 de Esparta*: "Aú! Aú! Aú! Aú! Aú!", na toada de uma tribo em transe. Cantam também uma espécie de hino composto pela equipe quando a empresa lançou suas ações na Nasdaq, em outubro de 2018. É uma paródia de um canto

da torcida do Flamengo, que por sua vez se vale da melodia de "Pelados em Santos", dos Mamonas Assassinas. A letra faz referência ao polo (escritório local de vendas) e à rota (circuito percorrido pelo vendedor):
"Polo/ Somos apaixonados/ O cliente é a razão/ O balcão já é nosso/ Vai começar a rota". Nos acordes originais, os Mamonas cantavam: "Mina/ Seus cabelo é da hora/ Seu corpão um violão/ Meu docinho de coco/ Tá me deixando louco".

Tum-tum, tum-tum: alguém bate no microfone de forma sequencial emulando o pulso de um coração. Ao comando dos apresentadores, todo mundo grita: "Bom diaaaa!!", num uníssono firme.

Agora toca "Smells Like Teen Spirit", do Nirvana. Não fica mais *teen spirit* que isso.

Durante todo o dia, os candidatos ficarão num vaivém entre a sala lotada e áreas isoladas do hotel, conduzidos por produtores do evento. Depois de cada uma das etapas com a presença deles, acontece um longo *debriefing* no auditório.

Debriefing, nas Forças Armadas dos Estados Unidos, é o termo que designa o relatório oral feito pelos oficiais ao final de cada missão, muitas vezes detalhando informações sobre o inimigo. Na tradução do Recruta: após a participação dos finalistas nos diferentes desafios do dia, toda a delegação de funcionários deverá falar a respeito do desempenho deles não como inimigos, mas com rigor. Isso acontecerá várias vezes, o dia todo, a cada vez que o quarteto entrar em cena.

Quando os quatro jovens chegam ao palco do auditório para apresentar a si mesmos em um minuto, sob aplausos efusivos, os presentes já viram no telão as fichas de todos: suas experiências, qualidades, defeitos e pontos de superação na vida. Conforme orientação, estão todos com roupas "de ginástica" para as atividades ao ar livre que virão em seguida e que ninguém sabe como serão. Para esse momento, é anunciado o convidado famoso do dia.

Sai de trás do palco o técnico Bernardinho, que liderou as seleções feminina e masculina de vôlei na conquista de dois bronzes, duas pratas e dois ouros olímpicos entre 1996 e 2016. Aplaudidíssimo, ele logo mostra que não está para moleza. Exibe no telão uma cena do filme *Desafio no gelo* (*Miracle*), de 2004, na qual o técnico da seleção americana de hóquei no gelo, descontente com uma derrota, faz a equipe patinar incansavelmente de um lado para o outro, até que entendam que o nome que vai na frente de seus uniformes (o do time) é mais importante que o nome que vai atrás (o dos jogadores). Recado mais que entendido: não há espaço para vaidades, mas para espírito de conjunto. "Agora vou dar um pau em vocês lá fora. Vamos suar!", avisa. Ninguém sabe direito o que vem pela frente.

Em um gramado, as três provas têm cara de dinâmica de grupo, como transportar uma bolinha de tênis em canos de PVC de um lado a outro do campo. Cada finalista vai liderar um time com alguns dos funcionários da Stone que escolheu na plateia, em desafios mais exigentes com habilidades lógicas e menos físicas. Qualquer sedentário se daria bem nelas, exceto na atividade "extra" final, o "suicídio" (correr de um lado para o outro sem parar). "Se não conseguir correr, anda. Se não conseguir andar, rasteja", orienta o astro olímpico. Nenhum dos quatro precisou recorrer ao grupo de primeiros socorros, que ficou a postos. "Pessoal, a vida não será fácil. Essa é uma pequena demonstração", resume o técnico.

O quarteto é separado do restante do grupo, que volta à sala para o *debriefing*. Os funcionários liderados jogam a real sobre os líderes (os finalistas do processo seletivo): se foram apáticos ou pulso firme, se fizeram a diferença ou se viraram espectadores do esforço alheio e, importante, se trapacearam em algum momento ou escolheram o caminho da ética o tempo todo. A avaliação é bem objetiva, sem clima de inquisição nem de oba-oba. Bernardinho também manifesta suas opiniões.

O ponto alto do dia é a apresentação dos *cases* de negócios, quando serão questionados em detalhes pelo CEO Thiago Piau e pelo fundador Andre Street, ambos na casa dos trinta e tantos anos, de tênis no pé. Entre alguns dos concorrentes, o nervosismo é explícito.

Parte do feedback é concedido diretamente, mas o papo reto da análise será feito no momento em que não estiverem presentes. Frases ouvidas em diferentes momentos: "Essa é uma pessoa que decidiu se tornar protagonista da própria vida", "Não se esforçou para cacete, jogou no estilo do Ganso, o meio-campista do Fluminense"; "Achei meio sambarilóvi"; "Fala o que a plateia quer ouvir"; "Tomou atitudes muito íntegras".

Já está perto de escurecer quando chega a hora da entrevista final de cada candidato, que se posicionará em uma poltrona no palco e responderá às últimas dúvidas, à vista de todos. Apenas três sobem. Um dos finalistas, de perfil considerado excelente, tinha demonstrado menor preparação para o *case* de negócios diante do público. Teve uma crise de ansiedade depois de se submeter à sabatina e foi levado ao Hospital Israelita Albert Einstein, em São Paulo, na companhia de profissionais da empresa. O CEO conta a todos que ligou para o pai dele e avisou sobre o ocorrido. O menino se recuperou bem, mas está fora do processo.

Sobram três. Há mais *debriefing* após as entrevistas finais e uma equipe de seis pessoas sai para deliberar. Decidiram não passar um candidato, que é chamado para uma sala reservada e recebe um feedback detalhado do desempenho, "com todo carinho", segundo explicam os presentes. Pela primeira vez, o reprovado não será conduzido a outro hotel para passar a noite. Os organizadores ouviram opiniões sobre edições passadas e consideraram que essa exclusão é desnecessária. O garoto, porém, opta por jantar no quarto, longe de todo mundo.

Os aprovados são anunciados no auditório: a única garota, Lauren Krummenauer, 25 anos, de Natal, formada na Universidade Federal do Rio Grande do Norte, ex-estagiária da Ambev; e Victor Souza Lima, vinte anos, presidente da consultoria júnior da Universidade Federal do ABC, onde ainda estuda. Como é previsível, o anúncio dos vencedores é cheio de emoção, com a dupla desaparecendo em meio ao abraço coletivo dos colegas no entorno e depois sendo assediada para selfies com os novos colegas.

Papéis picados no chão, fumaça já dissipada, e Andre se acomoda em uma ponta do palco, de pernas cruzadas, rodeado por uma dúzia de jovens que participaram da organização. "Estou absolutamente fascinado com o que vocês fizeram. Evento assim só nos Estados Unidos, mas na área de RH nem lá eu presenciei algo nesse nível. Vocês dão um banho em diretorzão de RH. Fizeram com o coração na chuteira. Fico emocionado." Algumas lágrimas escorrem nos rostos jovens da equipe. É tudo muito intenso, o tempo todo.

O porquê de tudo

Psicóloga graduada pela USP de Ribeirão Preto, Lívia Kuga, a organizadora do Recruta, participou de vários processos seletivos que achava enfadonhos. Deixou alguns de lado conforme evoluiu na segunda edição do Recruta Arpex — na época, o programa levava o nome da holding, que agrega também negócios como a Pagar.me. Foi em 2014, e ela tinha 23 anos. Eram tempos de Bope, e a jovem teve até de nadar em rio, de onde saiu com uma hipotermia. Ao fim do dia, acabou aprovada e entrou para a empresa. Sua principal missão foi fazer o próprio Recruta evoluir. Se ser um recruta é personificar a cultura da empresa, eis o tipo de detalhe que não me passou despercebido quando visitei a organização: ao andar pela lanchonete, ela vê um guardanapo jogado no chão e dá sete ou oito passos até ali, se abaixa para pegar o papel sujo e depositar no lixo.

A seleção conduzida por ela é longa, e um dos motivos disso é eliminar os preguiçosos: só os comprometidos toparão encarar os quase quatro meses do processo. A primeira etapa incluiu cinco fases on-line. Há testes de lógica, por exemplo, e um extenso questionário dissertativo sobre a vida do aspirante. São perguntas a respeito de valores, amizades, frustrações e outros temas que ajudam a entender como ele se expressa e vê o mundo.

Já viram seleção de emprego com lista de livros, tal qual um vestibular? Em uma das etapas mais originais da triagem, há sete títulos à escolha do candidato. Nessa edição, foram de *Empresas feitas para vencer*, do guru de negócios Jim Collins, a *Por que fazemos o que fazemos*, do filósofo Mário Sergio Cortella. Até alguns anos atrás, só havia uma obra, *Paixão por vencer*, de Jack Welch, influente ex-CEO da General Eletric. O objetivo aqui é ler, entender, interpretar e estabelecer conexões entre os conceitos apresentados e as próprias crenças.

Estudar é uma forma de "esticar" pessoas, repete Lívia. Assim, a ideia é ir além de uma simples peneira. "É um processo de autoconhecimento, no qual quem está inscrito vai refletir sobre o que quer e o futuro", explica. Isso quer dizer, por exemplo, receber feedbacks personalizados em fases como a do mapeamento de perfil.

É uma sacada de como lidar com uma geração que quer mais de uma empresa. A promoção do *employer branding*, a marca do empregador, já começa na caça aos trainees, e o número inicial de inscritos é um sintoma disso. A desproporção exagerada de um funil que vai de 70 mil postulantes para potencialmente tão poucos finalistas se revela uma estratégia com um propósito bem claro. Não existe nada de aleatório ali.

Primeiro porque, ao longo dos processos da peneira, muita gente é contratada para múltiplos cargos. Na edição do primeiro semestre de 2019, aproximadamente trezentas pessoas ganharam uma vaga. A diferença entre eles, que também colocarão o crachá no peito, e o cobiçado posto de Recruta é a simbologia que essa aprovação carrega, a de um ótimo representante dos valores do empreendimento e de quem se espera voos altos. O salário inicial é semelhante ao do restante da empresa — 5500 reais se ingressar no cargo de analista —, mas será alguém inevitavelmente visto de forma diferente.

O maior segredo do Recruta, porém, é que não se trata de mero processo de seleção. Os duzentos profissionais da Stone que viajaram a Itu não estavam ali para fazer figuração. Além de gritar em uníssono e participar das provas, eles têm a oportunidade de destrinchar características e comportamentos positivos e negativos junto a altos executivos do empreendimento, de uma forma prática e com consequências que não existem numa convenção anual cheia de palestras. A intensidade do evento, a animação constante, os gritos de guerra, o espírito de equipe, a competição, a obsessão por vencer e a grande exigência a todo instante são traduções do que a empresa quer ver cultivado no dia a dia, que será igualmente repleto de rituais e simbolismo. No prédio principal da Stone, em São Paulo, há um sino pendurado a metros da recepcionista. Ele lembra uma alegoria da Navy Seals: quem quiser desistir da missão deve

Funcionários da Loggi celebram, em junho de 2019, o investimento de 150 milhões de dólares liderado pelo Softbank, que trouxe o título de unicórnio para a start-up de logística.

Edward Wible, Cristina Junqueira e David Vélez, que não se conheciam antes de criar o Nubank, nos primeiros meses da fintech.

A casa na rua Califórnia, em São Paulo, onde o Nubank começou, servia de dormitório para Edward. Eram tempos de contenção.

Em 2016, a empresa chegou ao prédio no cruzamento da avenida Rebouças com a rua Capote Valente. Logo o local ficou pequeno.

Poucos anos depois, Cristina, David e Edward tornaram-se nomes de destaque na inovação do país. Em junho de 2019, a empresa chegou a 9 milhões de clientes e se tornou a sexta maior instituição financeira do país. Um ano depois, em plena pandemia, passou dos 25 milhões.

O grupo Movile nasceu em 2007 da junção de diferentes empresas de tecnologia para celular, com a liderança de Fabricio Bloisi, cofundador da Compera, de Campinas.

O nome Movile, que prevaleceu no grupo, veio da start-up do paulista Eduardo Lins Henrique.

A NTime, do Rio de Janeiro, também compôs a Movile. Um dos sócios era Leonardo Constantino (acima), que passou por transição de gênero e hoje é Monique Oliveira (à dir.). Antes de Monique, a única mulher fundadora de um unicórnio brasileiro era Cristina Junqueira, do Nubank.

A sede multicolorida da Movile, com espaços amplos de convivência.

No "Future Wall" da Movile, Fabricio Bloisi registrou o sonho de viajar ao espaço até 2023, mas planeja antecipar a aventura.

Garrafas de espumante espalhadas por mesas do escritório da Movile estampam metas nos rótulos e são abertas se os resultados forem atingidos.

O começo do QuintoAndar

Quando ainda se chamava Projeto Dorothy, em 2012, a plataforma de aluguel de imóveis sem necessidade de fiador foi apresentada pelos sócios aos investidores-anjo e outros possíveis parceiros por meio de um *pitch deck* de 31 slides. Alguns deles:

NOME E SLOGAN – "Projeto Dorothy — não existe lugar como nosso lar".

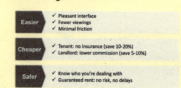

"ATUAIS GARANTIAS" – Mostra as desvantagens dos modelos de fiador, depósito bancário e seguro-fiança.

DIRETO AO PONTO – Propõe primeira tela com um campo de busca: "Onde você quer morar?".

RESUMO DOS DIFERENCIAIS – "Dorothy é... Fácil, Barato e Seguro".

MERCADO – Projeção de faturamento de US$ 100 milhões ao ano.

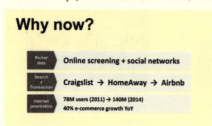

CENÁRIO FAVORÁVEL – Vastidão de dados, sucesso de negócios como Airbnb e acesso crescente à internet.

O TIME – Breve perfil dos fundadores.

Gabriel Braga e André Penha planejaram o QuintoAndar nas aulas em Stanford, e o primeiro chegou a trabalhar uma temporada no Airbnb.

Aponte a câmera do celular e veja a apresentação completa em português.

O escritório da 99 em São Paulo tem sinalização de trânsito pelos corredores, onde os funcionários podem circular em patinetes.

Taxistas protestam no Rio de Janeiro, em 2017, contra o transporte particular de passageiros pela Uber e pela 99 Pop, rivais entre si.

A 99, de Paulo Veras, Renato Ferreira e Ariel Lambrecht, tornou-se o primeiro unicórnio brasileiro, em janeiro de 2018, depois da venda para a chinesa Didi Chuxing, com quem tiveram alguns estranhamentos.

Oto de Sá Cavalcante e Ari de Sá Cavalcante Neto na Nasdaq: excelência da escola da família foi embrião da Arco Educação e levou o clã à lista dos bilionários da revista *Forbes*.

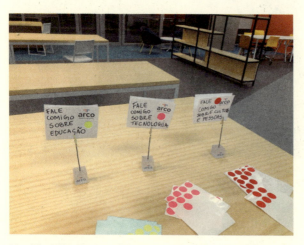

Nos Meet Ups da Arco Educação, visitantes são estimulados a interagir com os funcionários.

Aponte a câmera do celular e veja a celebração do IPO da Arco na Nasdaq.

O fundador Andre Street chamou o vendedor de queijos Geraldo Mineiro, primeiro cliente da Stone, e Natan Gorin, líder do time de relacionamento com os clientes, para apertar com ele a campainha da Nasdaq no IPO.

Aponte a câmera do celular e veja a celebração do IPO da Stone na Nasdaq.

Victor e Lauren superaram 70 mil candidatos e foram os únicos aprovados na seleção de trainees da Stone. Chamada de "Recruta", a peneira tem inspirações militares e diversos segredos.

Felipe Fioravante, o primeiro CEO do iFood, vendeu sua parte na empresa aos 32 anos, partiu para uma volta ao mundo e vive longe dos holofotes.

Carlos Eduardo Moyses em 2000, na Austrália, como entregador da Pizza Hut. Em 2017, ele se tornou o segundo CEO do iFood, até ser sucedido por Fabricio Bloisi, dois anos depois.

Na seleção para fazer parte da Endeavor, no início da fintech curitibana Ebanx, os sócios Alphonse Voigt, Wagner Ruiz e João Del Valle (da esq. para a dir.) disseram sonhar com o nome da empresa em um letreiro luminoso no topo de um prédio. Tempos depois, o desejo se concretizou.

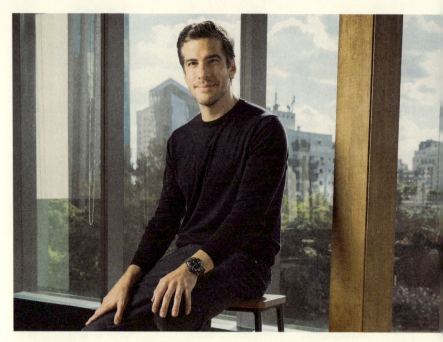

André Maciel, líder no Brasil do Softbank, o poderoso grupo japonês que impulsionou empresas como Gympass, Loggi e QuintoAndar na conquista do status de unicórnio.

Michael Nicklas, partner do Valor Capital, fundado pelo ex-embaixador dos Estados Unidos no Brasil Clifford Sobel.

Verônica Allende Serra, parceira de Jorge Paulo Lemann na Innova Capital, investidora da Movile.

Cofundador do argentino Mercado Livre, Hernan Kazah tornou-se investidor de empresas como Nubank.

Maitê Lourenço, fundadora da aceleradora Black Rocks, que promove negócios comandados por empreendedores negros.

Bruno Rondani, criador da 100 Open Startups, que conecta start-ups, grandes empresas e investidores-anjo.

Leandro Caldeira, CEO do Gympass na América Latina. A plataforma mudou seu modelo de negócios várias vezes até dar certo — e precisou se ajustar mais uma vez com a pandemia da covid-19

Aponte a câmera do celular e abra mais fotos e vídeos dos unicórnios brasileiros.

puxar a corda, fazer barulho, e estará liberado para abandonar o barco. A ideia é anunciar justamente o contrário: "Nunca toque o sino". Ou seja: jamais desista.

Ao voltarem para os escritórios, os participantes devem multiplicar o que ouviram com seus times e são incentivados a promover "recrutinhas" nos setores nos quais atuam. No final de 2019, quando aconteceu a final da seleção, a Stone já tinha quase 6 mil funcionários, e as contratações avançavam na ordem de duzentas a trezentas por mês, uma escalada interrompida pela pandemia, como será visto mais à frente. Manter os valores vivos e pulsantes no momento em que a companhia se tornou tão grande é um desafio enorme. Envolver uma fração deles na seleção desses jovens talentos foi uma das formas encontradas pela Stone de manter essa chama da cultura acesa, um desafio gigantesco à medida em que as start-ups deixam as garagens e passam o tamanho de pequenas cidades.

11
Pessoas

*QuintoAndar, Loggi, Gympass,
Arco Educação, Nubank, Movile*

> *Quando começamos nosso primeiro projeto de pesquisa, esperávamos encontrar provas de que o primeiro passo para transformar uma empresa boa em uma empresa excelente seria estabelecer uma nova diretriz, uma nova visão e uma nova estratégia — e, depois, alinhar e engajar as pessoas nessa nova direção. O que encontramos, porém, foi justamente o oposto.*
> *Os executivos que alavancaram a transformação de empresas boas em empresas excelentes não decidiram primeiro para onde iam conduzir o barco e depois escolheram as pessoas para conduzi-lo. Não; primeiro colocaram as pessoas certas dentro do barco (e as erradas para fora) e depois resolveram para onde iriam levá-lo.*
>
> Jim Collins, *Empresas feitas para vencer*

DESDE QUE INGRESSOU no Itaú pelo programa de trainee em 2005, Erica Jannini ocupou cargos diversos, mas ganhou projeção como uma das idealizadoras do Cubo, um espaço que abriga start-ups e conecta os empreendedores entre si, mas também com mentores e investidores. Fruto de uma parceria do Itaú com a Redpoint eventures, a iniciativa precedeu a vinda de outros lugares de referência para o ecossistema de inovação, como o Google Campus (desde 2016), presente em outras seis cidades do mundo, e o InovaBra Habitat (inaugurado em 2018).

Ao deixar o banco no fim de 2018, com esse projeto de visibilidade no currículo, do qual também constam graduação em matemática pela Unicamp, pós-graduação em finanças pelo Ibmec e MBA na Universidade Stanford, recebeu inúmeras sondagens de trabalho. Sua intenção era ter um período sabático, de reflexão, mas logo decidiu que seu próximo desafio seria no setor de "pessoas".

A área de "pessoas" ou RH tornou-se um dos lugares mais quentes para se trabalhar em uma *scale-up*.

Uma evidência recente aconteceu na saída de Helisson Lemos de um alto cargo na Movile para liderar as áreas de tecnologia e inovação do grupo Via Varejo, dono das Casas Bahia e do Ponto Frio. Um dos pontos cruciais em sua negociação foi ter sob seu guarda-chuva o departamento de Recursos Humanos. Mas o que tecnologia tem a ver com RH?

"Não há transformação digital sem mudança de mindset e sem que todos estejam envolvidos. Por isso é fundamental que a área de RH seja o motor dessa transformação. É um agente estratégico para a revolução do negócio, especialmente em um time como o da Via Varejo, com mais de 45 mil colaboradores", declarou ao ser contratado.

Erica Jannini reforça essa ideia: "Muita gente acha que

transformação digital de uma empresa tem a ver com sistemas, tecnologia, mas ela é, acima de tudo, uma mudança cultural".

Em julho, a executiva assumiu o posto de diretora de RH no QuintoAndar. Sua missão: em vez de atender demandas de forma passiva ("precisamos abrir um processo para contratar analista de marketing", ou pedidos assim), como acontece em boa parte das empresas, ela se senta à mesa das grandes decisões e pensa a forma em que as mudanças na área podem ajudar a companhia a atingir suas metas. A máquina empresarial de promover mudanças a toda hora, distribuir autonomia e valorizar erros só tem chance de dar certo se o perfil de profissionais adequado ocupar as vagas. Isso começa por atrair pessoas colaborativas o suficiente para trabalhar em *squads*, os esquadrões multidisciplinares em que gente de várias áreas atua em conjunto para construir um projeto. Candidatos a emprego que contam os feitos passados na base do "eu fiz", "eu resolvi", sem citar o coletivo, costuma dançar rápido. Mas vai muito além.

Uma vez que as pessoas certas estão dentro da empresa, há diversas iniciativas que visam ao desenvolvimento, ao engajamento e ao bem-estar desse público. Formou-se uma cultura usual ao reino dos unicórnios digitais — é muito comum que profissionais bem avaliados possam obter ações da organização em diversos estágios da carreira, a flexibilidade de horário virou mais regra que exceção, apesar de, no geral, se trabalhar bastante, e não há orientações sobre o modo de se vestir.

Existem, porém, algumas iniciativas mais singulares, que valem para uma ou um pequeno grupo de start-ups. Abaixo, anotações sobre essas práticas, descritas de forma resumida:

Autonomia

Qual é o limite da autonomia de um profissional em uma start-up? No Gympass, a orientação geral é que qualquer um pode colocar algo em teste — mudança em uma funcionalidade do aplicativo, por exemplo, desde que afete um número pequeno de pessoas. Se os resultados forem bons, a chefia é envolvida e o teste beta pode ser ampliado para dez por cento dos usuários — e se expandir até virar a regra.

Essa pré-autorização deixa os processos mais leves e rápidos, sem necessidade de um múltiplo beija-mão. O efeito colateral é óbvio: pode acarretar confusões cotidianas. Exemplo: algum vendedor que faz parte da amostra de teste pode se confundir ao apresentar o aplicativo a seu cliente porque um ícone mudou de lugar na tela sem aviso prévio. Tais problemas assim já estão na conta de ter uma política como essa e é preciso mostrar jogo de cintura.

Traga seus pais

Sabe aquela tradição americana do dia de levar os filhos ao trabalho? Algumas empresas de tecnologia, como o Gympass, têm somado a essa tradição o dia de apresentar os pais ao escritório. No Gymparents Day do dia 10 de outubro de 2019, o CEO Leandro Caldeira foi quem recebeu as dezenas de visitantes, entre comidinhas e conversas informais. Depois, no auditório, explicou aos presentes (os seus próprios pais, inclusive) algo que muitos não entendiam: o que a empresa faz, além do histórico, de algumas das estratégias, da missão de "combater o sedentarismo".

Quer contratar seu chefe?

Uma das questões delicadas das start-ups de crescimento rápido é que o desenvolvimento das pessoas, mesmo das melhores, nem sempre acompanha o *boom* da empresa. Isso significa que o número um de determinado setor em ascensão pode ganhar um chefe maior que ele em vez de ser promovido. A ideia é que quem chega, nesses casos, tem experiência ou especialização específica que serão cruciais naquele momento. São situações como: o chefe do departamento no Brasil está brilhando, mas quando ele ganha dimensão latino-americana é preciso trazer um sujeito com experiência no continente. Ou então o gerente de marketing fez um ótimo trabalho, mas, para os desafios de lidar com altos gastos em mídia em uma nova fase, outro sujeito chegará mais pronto como diretor. A contratação de Patrick Hruby na Movile, descrita no capítulo 8, é um bom exemplo. Assumir escolhas assim, é claro, causa frustrações, e é comum que o bom trabalhador se sinta preterido, ficando infeliz em sua mesa ou saindo em busca de outra oportunidade.

Na Arco Educação, um meio de fazer isso de forma harmônica é envolver o funcionário no processo. "A primeira coisa é ter transparência, explicar que existe uma missão mais complexa pela frente, para a qual a pessoa ainda não está preparada. E esse profissional participa do processo de recrutamento, de entrevista, da decisão de contratar ou não dentro do comitê", diz o CEO Ari de Sá Neto. A mensagem é que, se não trouxerem gente "parruda", a companhia não seguirá crescendo como deveria. "Quem não entende é uma minoria. Em geral é aquele cara que não está performando bem."

No mundo ideal, o indivíduo "preterido", se está mandando bem, também é reconhecido de alguma maneira em um momento não muito distante, com aumento de salário ou promoção para uma vaga intermediária.

Além das metas

Na Arco, a área de "pessoas" se chama "Gente e Gestão" e tem como gerente Maíra Ary Wandscheer. Os funcionários possuem metas, mas sabem que eventualmente, e de forma bastante criteriosa, precisam deixá-las um pouco de lado para socorrer as demandas dos colegas, prioritárias naquele momento. Ela explica:

> Muitas vezes você vai puxar para si algo que não está na sua caixinha, mas que é superimportante no negócio. Ou vai ter que deixar alguma coisa sua cair para ajudar um colega a rodar uma coisa que é relevante no conjunto. Para isso, além de contratar pessoas com o perfil colaborativo, é preciso ter uma cultura que reconheça isso como entrega. Não dá para chegar na avaliação de desempenho e só olhar para as metas que a pessoa teve no começo do ano, sem enxergar o contexto geral.

Não se trata, diz Maíra, de deixar as obrigações "arroz com feijão" de lado sem uma razão relevante, mas prestar atenção ao entorno e possuir o discernimento para priorizar. Está longe de ser algo simples. Como saber quando é hora de deixar um prato cair para manter outro girando no ar? "Na dúvida, o prato que não pode cair é o que afeta o cliente", resume Isaac Jucá, gerente-executivo de marketing da plataforma educacional SAS.

Nos ciclos semestrais de avaliação, cada profissional é classificado por todos os lados da hierarquia, inclusive por gente de outras áreas, com as quais interagiu.

Marca empregadora

Marketing existe apenas para atrair clientes? As empresas mais inovadoras estão investindo na imagem do negócio com outro objetivo: atrair e reter os melhores funcionários. "O *employer branding* é a promoção positiva de uma empresa como marca empregadora, com a comunicação de valores claros", explica Juliana Fiuza, headhunter especializada em inovação. Esse trabalho é pensado etapas antes do anúncio de vagas, pela forma como a empresa apresenta na internet os valores e práticas corporativas. Os fatos reais e os incontroláveis testemunhos em redes sociais, é claro, falarão mais alto.

Na pandemia, empresas de todos os setores foram testadas como marca empregadora. O Nubank, referência de empregador desejado, foi um dos primeiros a enviar as cadeiras de trabalho (mais de mil) para os funcionários não passarem a quarentena pelejando no assento desconfortável da cozinha. O Ebanx estabeleceu uma verba para cada um montar seu home office. Muitas start-ups pagaram aplicativos de saúde mental e serviços de terapia on-line para ajudar a equipe a segurar a onda.

Dos dez unicórnios deste livro, 99, Arco, iFood, Loggi, Movile e Nubank passaram pela quarentena sem promover cortes; ao contrário, algumas delas contrataram dezenas de pessoas. A Loggi, vale destacar, havia feito dezenas de demissões em fevereiro, ao mesmo tempo que abriu outras dezenas de vagas, em uma reorganização de prioridades. Ebanx, Stone, QuintoAndar e Gympass promoveram demissões para segurar a sangria do caixa e porque deixariam o crescimento frenético em pausa pelos meses seguintes (e, por isso, precisariam de menos gente). As ações de marca empregadora da Stone durante essa dispensa foram as que mais repercutiram, como dar de presente os notebooks e celulares para a maior parte dos desligados e manter o plano de saúde por quatro meses. O post do LinkedIn em que uma funcionária agradecia à empresa e enumerava os benefícios teve mais de 17 mil curtidas.

"Todo Mundo Entrega"

Entre os mais de 40 mil motofretistas que circulam diariamente pelas cidades brasileiras com moto da Loggi, um deles pode ser o CEO da empresa, Fabien Mendez. Eventualmente, ele veste o capacete, a jaqueta azul-claro da marca e sai pela cidade em uma moto com baú conhecido pelo desenho de uma lebre, para levar alguma encomenda de um canto a outro. É uma checagem das engrenagens do negócio, feita diretamente no asfalto. Em uma dessas andanças, já entregou um molho de chaves a um homem trancado dentro de casa.

Os funcionários do prédio corporativo da Loggi são convidados a fazer o mesmo em um programa chamado "Todo Mundo Entrega". Nesse caso, porém, o trajeto é cumprido de carro, sempre em duplas. Funcionários de qualquer nível hierárquico ou setor são convidados a vestir a jaqueta azul e experimentar o trabalho mais visível da companhia.

A partir da experiência, os participantes anotam dificuldades da batalha nas metrópoles, como estacionar em determinados endereços, mas também questões relacionadas diretamente ao trabalho de quem passa o dia no escritório, a exemplo de ajustes que precisavam ser feitos no aplicativo usado pelos mensageiros.

Na mesma língua

Com gente vinda de trinta países diferentes, o Nubank fez do inglês sua língua oficial em e-mails coletivos, reuniões e outros encontros. Este é um exemplo de como a multiplicidade de origens e situações precisa ser lembrada para que ninguém fique de fora.

Bem antes da quarentena imposta pela pandemia, o home office era algo muito presente em boa parte dessas empresas e havia medidas para não excluir quem está longe da sede. Algumas empresas buscam a seguinte solução: como há muitos profissionais, principalmente desenvolvedores, que dão expediente em casa, em diversas cidades do Brasil, o time do escritório também atua como se todos ali estivessem à distância, com troca de mensagens por comunicadores instantâneos e reuniões com câmera e microfone aberto para todos.

Liderança mais sênior

Algumas *scale-ups* estão se empenhando em aumentar a idade média das lideranças e atrair o talento de gente sênior de outros perfis de companhia. A Movile, por exemplo, criou um programa de Executive in Residence, no qual profissionais que ocuparam cargos de alto escalão (diretores, vps etc.) passam por um programa de três meses em vários setores da empresa antes de se fixar em alguma posição. "A pessoa que chega com quarenta, cinquenta anos, vem com um jeito de pensar diferente, mas isso pode ser bom para a organização e ela também pode se abrir ao diferente. O mais legal que percebo numa entrevista é a vontade grande de mudar o mindset. E é isso que avalio: além do que ela já fez, o que quer construir dali pra frente", diz a vice-presidente de pessoas e performance, Luciana Carvalho.

Na paranaense MadeiraMadeira, uma das candidatas a unicórnio (em setembro de 2019 recebeu um aporte de 100 milhões de dólares do Softbank), todos os oito diretores sob comando do Chief Operating Officer Robson Privado, de 36 anos, são mais velhos do que ele. "Acreditamos em trazer gente melhor que nós para compartilhar os nossos sonhos. Para crescer, precisamos de gente experiente." No tópico diversidade, Robson, aliás, é uma exceção. Na pesquisa feita para este livro, ele é o único cofundador negro de uma start-up brasileira de primeiro time. A MadeiraMadeira já existia como e-commerce e market place de móveis e materiais de construção, fundada pelos irmãos Daniel e Marcelo Scandian, mas, após sua entrada, a companhia se tornou uma start-up, com a criação de softwares que vão de meios de pagamento a gestão de logística. Ele é graduado em administração de empresas pela Faculdade de Ciências Sociais e Aplicadas do Paraná (Facet) e em educação física pela Universidade Federal do Paraná (UFPR). Quando ingressou nesta última, foi o primeiro ano do sistema de cotas, que Robson preferiu não usar, para abrir espaço a outras pessoas. "Tive oportunidades desde cedo, estudei em uma boa escola e não achei que era necessário", diz. "O preconceito existe, mas nunca me colocou para baixo. Não acho que tenho que provar algo a mais."

Sem ilusionismo

Ambientes de trabalho que parecem ter sido feitos como cenários para selfies, show da Anitta na confraternização de fim do ano e possibilidade de circular de chinelo pela firma: isso tudo costuma ser verdade no mundo das grandes start-ups. Mas os candidatos a uma vaga em um lugar assim estão se equivocando com a ideia de um mundo quase perfeito, praticamente uma festa?

Esse é um ponto que começa a preocupar algumas empresas. Não dá para atrair gente boa que vai se frustrar quando perceber que a realidade não é andar de carruagem, mas carregar a abóbora nas costas.

Conversei com alguns líderes sobre essa equação de expectativa versus realidade. Luciana, da Movile, fez um relato bem direto das ilusões mais comuns entre quem deseja ingressar numa start-up:

> A primeira ilusão é que vai trabalhar pouco. "Ah, vou entrar às nove e sair às seis..." É um ambiente onde tem cerveja, tem pingue-pongue... É muito fácil, num contexto de start-up, as pessoas perderem a mão com as coisas que têm dentro do escritório. Se você não deixa claro o foco em resultado e não tem os indicadores certos para medir a performance das pessoas, é fácil se perder em um ambiente como esse, que é liberal demais. Não terá líder fiscalizando a hora que você chega e que você foi embora. Mas no final do dia você vai ser cobrado de alguma forma.
>
> A segunda ilusão é que numa empresa de tecnologia não precisa fazer coisas operacionais. A nova geração tem uma coisa mística de querer realizar coisas estratégicas e esquece que, para conseguir pensar estrategicamente, vai ter que antes pôr a mão na massa umas 300 mil vezes. Algo que tento acomodar com as pessoas é essa ânsia de fazer coisas incríveis, maravilhosas, disruptivas, que vão mudar o patamar das coisas o tempo todo. Tem também tarefas triviais, como lançar uma nota no sistema, preencher uma planilha, que fazem parte da construção de qualquer empresa.

Por último, existe uma ilusão de crescimento muito rápido. De fato, é um ambiente dinâmico, que propicia mais velocidade nas promoções, mas não é por ser meritocrático que a cada seis meses você vai subir. Ciclos precisam ser cumpridos independente de ser uma start-up ou uma indústria. Tem os ciclos das pessoas, de aprendizado natural, ainda que ela seja protagonista, ambiciosa, com brilho no olho. E o outro é o ciclo da organização. Não tenho necessariamente uma função de coordenador ou gerente para todos. As melhores pessoas vão se destacar e ser promovidas, não é todo mundo o tempo todo.

12
Rumo à Nasdaq: de "jegue" a unicórnio

Arco Educação

À MEDIDA QUE O SAS, o grande produto da Arco Educação, ficava maior, a relação com a concorrência se tornava tensa. A reação da diretora de um sistema de ensino ao perder um cliente de décadas, uma escola tradicional do Paraná, foi o maior exemplo: "Mas você vai trocar uma Ferrari por um jegue?".

O disparate, relatado a Ari de Sá Neto pelo próprio cliente, contrariava o destaque que a educação do Ceará vinha conquistando com resultados em diversos colégios particulares e instituições públicas.

Não foi a primeira vez que Ari percebia o antigo preconceito contra a região Nordeste ainda vivo em vários cantos, em alguns casos de forma sutil. Na expansão do SAS para o território nacional, alguns alunos de outras regiões achavam que os professores das videoaulas "falavam engraçado". As aulas depois começaram a ser gravadas também em outros estados, o que diversificou os sotaques.

Pois em 2018 chegou a hora de o "jegue" virar unicórnio. O primeiro do Nordeste. O primeiro da área de educação. O primeiro por meio de abertura de capital na Nasdaq, a Bolsa de Valores que congrega empresas de tecnologia em Nova York.

O controle é nosso

Quando Ari começou a arquitetar o plano de fazer o IPO, a oferta inicial de ações, escalou o executivo David Peixoto, que vinha se destacando, para comandar a missão. Foi um nome simbólico.

David é um exemplo vivo de como a educação transforma. Filho de uma agente penitenciária e de um técnico judiciário, que tinham respectivamente dezoito e dezessete anos quando ele nasceu, o garoto estudou o início do ensino fundamental em modestas escolas privadas de Crato e de Fortaleza, até ser aprovado no vestibulinho de um colégio militar de Fortaleza. Ganhou visibilidade em olimpíadas de física e matemática e foi convidado a estudar com bolsa integral em escolas de ponta da capital — o Colégio Farias Brito, do irmão de Oto, entre eles. Aprovado em direito na USP, mudou-se para São Paulo, morou os três primeiros anos na sala de um amigo e teve bom desempenho no curso. Chegou a passar duas temporadas de quatro meses na Universidade Yale, como aluno visitante, após mandar uma série de e-mails para professores locais, mesmo sem na época ter um bom nível de inglês. Acabou interessado em economia, mais especificamente no mercado financeiro. Conseguiu emprego em um banco internacional de investimento e mudou drasticamente o padrão de vida.

Logo no primeiro bônus, ganhou uma bolada de 120 mil dólares. Viu colegas comprando carros de montadoras como

BMW e teve vontade de correr para uma concessionária, mas decidiu agir de cabeça fria. Ligou para o pai e pediu que ele comprasse "o que quisesse". E assim fez o técnico judiciário: passou no shopping e adquiriu duas calças Pierre Cardin. David reservou uma parte do dinheiro para criar, ao lado do amigo Ricardo Salles, um projeto que se transformaria na ONG Primeira Chance.

A instituição recruta alunos pobres e brilhantes e banca as mensalidades do ensino médio em escolas de ponta. Dependendo do caso, financia despesas, como comida, hospedagem ou o que mais seja necessário para que tenha condições de estudar. Não se trata de patrocinar a vida do adolescente, mas de se certificar de que ele não deixará de ir à escola por não ter um par de sapatos, por exemplo. A iniciativa foi tema da coluna do jornalista Elio Gaspari nos jornais *Folha de S.Paulo* e *O Globo*, que, destacando o perfil discreto dos fundadores, não citou seus nomes — eles tampouco se promovem no site oficial. O título do texto era "Os caçadores de cabeças do andar de baixo". Cerca de 250 nomes passaram pelo projeto até o fim de 2019, alguns deles moradores de favelas, que depois ingressaram em entidades que vão do ITA ao Insper.

Para que isso se viabilizasse, foi preciso procurar apoiadores — pessoas ricas e interessadas em educação. Entre elas estava Ari de Sá Neto, que em 2012 marcou um encontro no Octavio Café, na avenida Faria Lima, para conhecer David e Ricardo. Era um sábado, e os amigos não combinaram o traje. O primeiro apareceu de bermuda e o segundo, de terno.

Ari ofereceu bolsas no Colégio Ari de Sá para os jovens atendidos pela ONG e, dois anos depois, convidou David para o cargo de diretor de desenvolvimento no SAS, em Fortaleza. O jovem topou às cegas, sem saber o salário, e se mudou de volta para o Ceará. No terceiro dia de trabalho, descobriu que o contracheque era de 8 mil reais mensais, uma fração do que recebia no banco. Pleiteou um pouco mais, e passou para 12 mil reais, ainda bem aquém do rendimento anterior. Poucos meses depois, ganhou os feijões mágicos que definiriam seu futuro: uma parte das ações da Arco Educação. Integra com Ari e João Cunha (CEO da plataforma SAS) o grupo de WhatsApp chamado *founders* (fundadores).

Em paralelo, o amigo Ricardo trabalhava em um fundo que seria o primeiro investidor do SAS, o General Atlantic. Com a ajuda dos dois cheques de 35 milhões de dólares cada um, em 2014 e 2017, o grupo educacional promoveu aquisições, além de ampliar as equipes de vendas e de tecnologia. Além de dinheiro, o sistema de ensino buscava um parceiro que trouxesse *smart money*, com aconselhamento nos principais passos.

Tempos antes de fechar com o General Atlantic, Oto e Ari evitavam abrir as portas para fundos e grandes sócios. Chegaram a conversar sobre uma união com Jorge Paulo Lemann. O empresário recebeu Ari e Oto em sua casa no Jardim Europa, em São Paulo, onde almoçaram em uma mesa redonda na varanda. O encontro foi descontraído, e pai e filho gostaram de ouvir as boas histórias do líder do 3G, que fazia perguntas sobre educação com grande interesse. "Foi um almoço bem frugal, de comidas saudáveis, peixe, salada, coisa de quem não quer aumentar o colesterol. Ele foi elegante. Quando eu quis ir ao banheiro, ele me levou até o toalete do quarto dele: 'Vem aqui, que esse é o maior'", relata Oto. O segundo encontro foi mais objetivo e menos caloroso, com a clareza de que Lemann queria ter controle sobre o negócio, algo que a família não estava disposta a ceder. "A General Atlantic tem uma participação muito interessante nas reuniões de conselho, sugere nomes para contratar, mas não quer participar do nosso dia a dia. O Jorge Paulo queria."

Corpo são, cabeça firme

Ari ainda não sabia, mas em 2016 deu os primeiros passos para a estreia na Bolsa de Valores americana em uma viagem internacional despretensiosa. Ele e David fizeram uma viagem de menos de uma semana para o vale do Silício. Era uma mistura de turismo *geek* com atualização no mundo das empresas de tecnologia. Acionaram contatos que trabalhavam por lá para visitar a sede de múltiplas companhias, do Google à Khan Academy. Sentaram-se também com três investidores, para se atualizar sobre capital de risco e mercado financeiro. Gostaram do que ouviram, em especial sobre o potencial do próprio negócio. "Eles se impressionaram por conciliarmos grande crescimento, de quase sessenta por cento ao ano, com rentabilidade", diz, "e também com o modelo sólido, de contratos de longo prazo, receita recorrente e uma bela margem bruta."

Um ano depois, a dupla voltou para uma conversa mais aprofundada com grandes investidores da Bolsa. Muitos se diziam interessados em investir caso o grupo abrisse capital nos Estados Unidos. Estava plantada a semente do IPO internacional.

Praticamente não havia casos para se inspirar. A entrada da Netshoes na Bolsa de Nova York, em abril de 2017, havia sido ruim, com desvalorização das ações logo na estreia. Quando souberam que a PagSeguro, de máquinas de cartão e meios de pagamento, também faria um IPO na Bolsa de Nova York, observaram com apreensão: "Se eles derem com a cara na parede, nem vamos". A oferta pública de ações, em janeiro de 2018, foi um espetáculo. A captação atingiu 2,7 bilhões de reais, tornando Luiz Frias, seu principal acionista, o sétimo homem mais rico do Brasil, com patrimônio de 20,34 bilhões de reais segundo a lista da *Forbes* de 2019. Foi um bom estímulo para a Arco, que optou, contudo, pela Nasdaq, para reforçar seu posicionamento como empresa de tecnologia.

Na preparação para o IPO, David se mudou para a capital paulista e inaugurou um escritório nos arredores da avenida Faria Lima. Ali foi fundada a Arco Educação, o grupo que agregaria o SAS e os outros sistemas. Avaliaram que era melhor separar a imagem dos produtos de ensino do mundo do mercado financeiro. Uma coisa é o sobe e desce de papéis, com seu risco inerente. Outra, o processo perene do aprendizado.

Cerca de dez profissionais vieram de Fortaleza e um número semelhante foi contratado em São Paulo. Na capital cearense, o plano de IPO era um assunto discreto, sobre o qual poucos sabiam e quase não se falava. Como a Nasdaq era um território estranho para start-ups brasileiras, a equipe suou a camisa para escrever, ao longo de meses, uma cartilha própria de ação. David relembra:

> Tivemos que entender o processo do zero. Os bancos desconheciam como fazer, os advogados desconheciam, os auditores desconheciam. Tinha gente que não conseguia nem ler em inglês as regras da SEC — o equivalente americano à Comissão de Valores Mobiliários. Como estavam fazendo pela primeira vez, toda decisão virava um negócio de 1 milhão de hipóteses e reflexões. Exemplo: a empresa pode fazer uma aquisição pequena durante o processo do IPO? Aí você baixa a regra pela internet, chama todo mundo, pensa na hipótese A, na hipótese B, consulta a SEC. Demora três dias para decidir. Algumas normas são superficiais e a jurisprudência é que define. Tudo o que fizemos foi muito pensado. Hoje consigo te explicar por que tomamos cada uma das decisões.

Em dado momento, David, que estava chegando aos seus trinta anos de idade, propôs uma mudança. "Ari, não quer colocar um chefe para mim, alguém mais experiente?", questionou. "Eu nunca nem cogitei isso", afirma o CEO.

Duas semanas antes de estrear na Nasdaq, quando o registro da intenção de abrir capital se torna público, David e Ari chegaram aos Estados Unidos para o chamado *road show*, uma turnê por várias cidades em reuniões com investidores. Em certos dias, foram doze encontros, com horário preciso para começar e acabar. Passaram por Boston, Chicago, Santa Fé, San Francisco e Menlo Park.

A ideia desse zigue-zague é que sejam registrados pedidos para aquisição de ações. Esses compradores têm o privilégio de garantir primeiro papéis que, se tudo der certo, se valorizarão em questão de dias ou até de horas. No entanto, a maioria faz aquela *poker face* nas reuniões, sem prometer nada, no melhor estilo "na volta a gente compra". Deixa para registrar suas ordens nos últimos dias. É preciso ter a leitura correta das intenções dos "jogadores". Começar na Bolsa com demanda frustrada é um tiro no joelho da companhia, um atestado de que o negócio se sustenta mal. Conforme a data do IPO se aproxima, a empresa precisa entender se vai em frente ou tira o time de campo.

A agenda e a logística foram organizadas pelo Goldman Sachs, líder do consórcio de bancos contratados pela Arco para a missão. O mais comum nesses casos é fretar um jatinho para agilizar os deslocamentos, mas o único luxo que a dupla se permitiu foi viajar pela primeira vez de classe executiva em alguns trechos. Antes, o padrão era "classe econômica e hotel ruim", segundo David.

Para minimizar o cansaço da maratona, os dois fizeram um trato: manteriam a dieta e uma rotina diária de exercícios físicos matinais, para que chegassem com a cabeça em seu melhor a cada bateria de reuniões e inteiros ao dia D. "Quando saía das reuniões, a vontade era de jantar bem, tomar um vinho. Mas optamos por comer uma saladinha, dormir cedo e fazer exercício pela manhã, para estarmos inteiros de novo a cada dia. Acredito nessa coisa de corpo são, mente boa. E as reuniões são bons testes de resistência mental", recorda Ari. "Você repete a sua história 1 milhão de vezes para todos os investidores, mas recebe perguntas que nunca recebeu na vida, de pessoas muito inteligentes."

Enquanto Ari e David rodavam os Estados Unidos para atrair capital, no Brasil a equipe pensava na possível comemoração, caso o IPO se confirmasse. Em todas as unidades foram instalados telões, havia cerveja e música. "A ideia era que tivesse um clima de Copa do Mundo", diz Maíra Ary Wandscheer, gerente de Gente e Gestão.

Logo surgiu a dúvida: quem será levado a Nova York para comemorar in loco esse feito? Seria impossível fazer um recorte justo, e a ideia de contemplar as lideranças, exatamente quem tem os mais altos rendimentos, parecia descabida. O CEO do SAS João Cunha começou a ouvir gente dizendo que iria nem que fosse pagando do próprio bolso, e Ari gostou da ideia. Era uma forma de não excluir ninguém em absoluto.

No sábado, três dias antes do grande dia, e com várias sinalizações positivas (a Arco não confirma, mas a demanda superou em dez vezes a oferta), espalharam que todos eram bem-vindos, sabendo que sempre existe risco de o IPO ser cancelado até o último minuto. Cerca de cinquenta funcionários embarcaram com recursos próprios, de executivos a um estagiário.

Na terça-feira, 26 de setembro de 2018, chegou o grande dia. Precisando fulminar a ansiedade, Ari acordou cedo para correr seis quilômetros no Central Park. Acelerando as passadas, rodou um filme na cabeça: a decisão de recusar o convite de uma grande consultoria para trabalhar em Nova York quando terminou o MBA, a criação do SAS na volta a Fortaleza, as extenuantes duas semanas de *road show*. A chuva fina despistou as lágrimas de desabafo. Terminou a corrida às 8h06 e às nove tinha de estar no prédio da Nasdaq, na Times Square.

Deu tudo certo: cada ação definida em 17,5 dólares se valorizou a 23,5 dólares no primeiro dia, levando o valor de mercado da empresa a 1,2 bilhão de dólares. Em outras palavras, um unicórnio.

Quem comprou se deu bem. As ações subiram nos meses seguintes. Em 24 de outubro de 2019, a Arco fez, sem nenhum alarde, seu *follow-on* (disponibilização de novas ações), possibilitando à General Atlantic promover parte do *exit* (quando vende sua parte na companhia, desejosamente tendo multiplicado o valor dos aportes feitos ao longo do tempo, como foi o caso). No mês de fevereiro de 2020, o papel atingiu um pico de 59,15 dólares. A crise das Bolsas provocada pelas incertezas da pandemia baixou o valor para 37,46 dólares em 3 de abril, mas em 8 de maio já era de 56,6 dólares, a despeito da desvalorização do real frente ao dólar.

Ao final do dia do IPO, Ari tocou a campainha de encerramento do pregão, um ato transmitido ao vivo pela Nasdaq nas redes sociais. Depois de falar em inglês e em português, chamou a delegação brasileira, que se juntou a ele na cena para o ato simbólico. No melhor estilo americano de transformar tudo em um esfuziante espetáculo, tateando a fronteira do exagero, a cena tem contagem regressiva até o momento de ele pressionar o botão (virtual, em uma mesa *touchscreen*), trilha sonora triunfal e chuva de papel picado nas cores da empresa (nesse caso, vermelho, azul e branco). Sua mãe, Margarida, ao seu lado, permanecia com as mãos para o céu, enquanto o restante fazia a farra.

À noite, o grupo partiu para um centro comercial ao lado do Columbus Circle, na média Manhattan, num evento com um grupo de samba. Foram distribuídas tiaras com chifres de unicórnios que brilhavam no escuro. "Canta *New York, New York*", sugeriram para Ari. Ele pegou o microfone e mandou "A vida do viajante" ("Minha vida é andar por esse país..."), célebre canção de Luiz Gonzaga e Hervé Cordovil, que combinava mais não apenas com as raízes nordestinas, mas com o dia a dia na estrada dos executivos, representantes comerciais e outros funcionários do grupo.

Para o CEO, o dia ficou marcado por uma cena ao lado de sua mãe: ver projetado na Nasdaq Tower, o painel de led de quase mil metros quadrados na Times Square, a frase "Nasdaq welcomes Ari de Sá Neto, CEO of Arco" (Nasdaq dá as boas-vindas a Ari de Sá Neto, CEO da Arco).

"Eu não vi o meu nome ali. Vi o nome do meu avô. Sei que dei a última pernada, mas a história começou com ele, com uma escolinha na praça do Carmo. Fomos da praça do Carmo à Times Square."

Cerca de um ano depois, os acionistas da empresa puderam finalmente negociar suas ações por meio de uma oferta e, assim, fazer dinheiro. Ari achou que era hora de enviar um e-mail para os cerca de vinte executivos com participação acionária na companhia. A recomendação era dupla. Ele convocava o time para seguir firme na Arco, a não pensar na empresa como multibilionária, esbanjando recursos, mas como algo em construção. E o mesmo valia para a vida deles: não sair vendendo os papéis e torrando o dinheiro. Em vez disso, manter foco na carreira. Havia muito a ser feito.

From: Ari de Sá Neto
Sent: terça-feira, 3 de dezembro de 2019 08:21
Subject: Carta

Prezados(as) sócios(as) e companheiros(as) de jornada,
Após pouco mais de um ano de nosso IPO, tivemos nas últimas semanas nosso primeiro evento de liquidez. Parte das nossas ações foram emitidas e estarão livres para serem negociadas após o período de restrição em função da proximidade da divulgação de resultados da Arco para nossos investidores. Com isso, formalizamos no papel o que já vinha acontecendo na prática e seguimos, mais do que nunca, sócios e sócias no nosso projeto de vida: a construção da Arco. Nesse contexto, peço licença para fazer algumas recomendações.

Devemos sempre prezar por um estilo de vida austero e discreto, sem excessos, pois somos profissionais e líderes cuja atuação se dá através do exemplo para nossos times, clientes e acionistas.

Todos sabemos que poupar é fundamental. Nesse sentido, vamos continuar gastando menos do que ganhamos, economizando sempre que possível e construindo um patrimônio para o futuro.

Por fim, gostaria de ressaltar que não devemos vender nossas ações em busca de liquidez, a não ser em situações de necessidade imediata. As ações da nossa companhia são o melhor investimento de longo prazo que podemos ter.

Estamos juntos, construindo uma das melhores empre-

sas de educação do mundo. Um projeto sólido, saudável e que vai gerar valor para nossos clientes, para nossos times e para nós, acionistas no LONGO PRAZO. Estamos apenas começando!
Vamos em frente.
Um abraço,
Ari

O CEO queria evitar que executivos dedicados perdessem do dia para a noite o senso de dono, devido ao qual a riqueza de cada um será proporcional à da companhia.

Veja quanto vale agora a ação da Arco Educação na Nasdaq.

13
Rumo à Nasdaq: chantagem, turbulência e bilhões

Stone

UM MÊS DEPOIS de a Arco Educação chegar à Nasdaq, foi a vez de a Stone abrir capital na bolsa de tecnologia da Times Square.

Além de passar por cidades americanas, o *road show* da empresa para falar com potenciais investidores se estendeu, com sucesso, para Londres e Toronto. A poucos dias do IPO, o número de pedidos de grandes empresas era altíssimo e incluía poderosos como a Berkshire Hathaway, holding de investimentos de Warren Buffet, e a Ant Financial, subsidiária de meios de pagamentos da chinesa Alibaba.

O caminho da Stone para fazer o IPO estava livre. Parte da equipe já pensava na festa de comemoração e procurava o fundador Andre Street sobre detalhes, o que o tirava um pouco do sério. Para ele, era hora de se concentrar no trabalho, não na comemoração. "Se eu tô fazendo a cirurgia, não quero decidir qual é o pão que vão servir. Não me fale de supérfluo na hora em que o paciente está sendo operado. Quer organizar a festa, organiza. Se der certo, eu me visto de jacaré e tudo bem. Só não se surpreenda se eu cancelar", relata. "Eu explicava que estávamos ali para fazer a captação e deixar a companhia pública. Fechei um preço (*inicial da ação*) que eu sabia que ia subir. Numa situação assim você não pega todo o dinheiro que está em cima da mesa. Eu ficava concentrado em fazer o negócio ser bom para quem investisse."

Tudo fluía tão bem, com tantos bons indicativos, que poucos conseguiam segurar a onda do entusiasmo. Depois de dois anos de preparação, faltavam menos de dois dias para a Stone festejar sob papel picado verde na sede da Nasdaq. Quando a delegação que envolvia executivos da empresa e representantes de bancos entrou no avião particular na Califórnia rumo à Costa Leste, com parada em Baltimore, um dos passageiros se regozijou: "Vamos agora para o voo da vitória!". A frase doeu nos tímpanos de Andre. Lembrou-se na hora das várias histórias que seu pai, já falecido, lhe contava, de gente que abriu champanhe precocemente achando que se deu bem em algo e quebrou a cara, em ensinamentos para nunca cantar vitória antes do tempo. Olhou para o sujeito e disse: "Não faz isso. Esse avião pode cair. Ainda tem chance de dar alguma merda".

Parecia um presságio. O voo seguia tranquilo, num dia bonito de céu azul, até que a aeronave chacoalhou abruptamente. Fez uma inclinação brusca para um dos lados e, segundos depois, girou completamente para o outro. O pânico foi geral, uma sensação de completo descontrole. "Justo agora, papai do céu?", balbuciou o CEO Thiago Piau.

Não era mesmo algo trivial. Um Airbus A380 havia passado por cima do jato a uma curta distância, provocando a chamada esteira de turbulência, explicou depois o piloto.

Quando chegaram a uma parada em Baltimore, no estado

de Maryland, estavam todos ainda meio assustados com o que tinha acontecido. A sensação de colocar o pé em terra firme era boa, mas se esvaiu rapidamente. Um hacker tinha invadido um computador da empresa e estava fazendo chantagem para não vazar dados confidenciais. Pedia 2 milhões de reais para fechar o bico e não azedar o IPO. Em poucas horas, o cenário mais do que favorável se transformou num barata-voa. Andre virou o pescoço em direção ao sujeito que profetizou o "voo da vitória" e disse: "Entendeu agora o que eu te falei?".

As horas seguintes tiveram tensão comparável à dos segundos no voo. A transparência num processo assim precisa ser máxima. Omitir detalhes como esses resultaria em punição severa nos Estados Unidos. Alguns representantes de bancos, como esperado, queriam cancelar a operação.

O hacker chegou a enviar alguns dados do código-fonte da Pagar.me, empresa da Arpex Capital, como prova de que tinha colocado a mão em material relevante. "O cara está mostrando a orelha. Cortou um pedaço e está nos dizendo: 'Olha aqui!'", disse Andre, numa referência aos episódios nos quais o sequestrador mutila o refém para reforçar seu poder. A grande dúvida: o hacker tinha em mãos informações mais estratégicas, como dados de clientes, ou apenas informações superficiais? Enquanto investigava essa resposta, a companhia enviou aos órgãos responsáveis uma nota na qual informava a invasão e abria o jogo sobre a chantagem.

Equipes de segurança digital corriam contra o relógio para fazer um diagnóstico interno. Profissionais da área de tecnologia que estavam se preparando para embarcar no Aeroporto Internacional Tom Jobim, no Rio, rumo a Nova York, onde participariam da festa, deram meia-volta para cuidar da operação de guerra. A conclusão inicial era de que a invasão tinha ficado restrita a um computador, com acesso a dados menos cruciais, mas era preciso afastar a hipótese de vazamento de dados de clientes.

Enquanto isso, em uma sala de São Paulo, um suspeito era interrogado. "Em oito horas de depoimento, o cara desmaiou. E depois confessou: ele não tinha nada de importante. Isso a horas da precificação das ações", conta Andre.

A situação estava contornada e o céu parecia límpido novamente. Em 25 de outubro de 2018, enfim, cerca de cinquenta profissionais de camiseta verde estavam na Nasdaq para tocar o botão virtual de abertura do pregão. Assim como aconteceu na Arco, os profissionais presentes pagaram a passagem do próprio bolso. O discurso foi feito pelo CEO Thiago Piau.

Um convidado especial foi levado para apertar o painel junto de Andre Street: o vendedor de queijos Geraldo "Mineiro", que comercializava seus produtos de andar em andar no prédio onde o empreendimento nasceu e foi o primeiro cliente das maquininhas da Stone.

Com o IPO, a empresa levantou 1,2 bilhão de dólares e as ações dispararam: lançadas a 24 dólares, pouco depois da abertura já valiam mais de trinta dólares, um salto e tanto. Graças ao IPO, os fundadores Andre Street e Eduardo Cunha Monnerat Solon de Pontes (presidente e vice-presidente do conselho do conglomerado que inclui a Stone) estreariam juntos na lista dos bilionários da *Forbes* no ano seguinte, com uma fortuna estimada em 5,3 bilhões de reais cada um. Com 35 anos, Andre é o mais jovem da lista entre as pessoas que não ficaram ricas por herança, mas empreendendo.

A Stone tinha se tornado um unicórnio parrudo, com valor de mercado de 3,8 bilhões de dólares. Passar a marca do decacórnio, os 10 bilhões de dólares, foi questão de tempo, com a valorização das ações. Em janeiro de 2020, era de 11,6 bilhões de dólares. Com a pandemia, o susto foi grande. Caiu pela metade em abril, depois de fazer as demissões mencionadas no capítulo anterior (foram 1300 funcionários, cerca de vinte por cento do total). Era uma empresa de maquininhas, o comércio fechado seria mortal para o caixa e o corte exemplificava isso, certo? Pois algumas semanas depois os papéis voltaram a se valorizar e no começo de junho o *valuation* voltou a passar dos 10 bilhões de dólares. O presidente Augusto Lins explica como convenceram os acionistas da saúde do negócio:

> Deixamos claro para os investidores que somos uma empresa ligeiramente diferente do que alguns faziam ideia. Primeiro: quarenta por cento do meu volume transacionado ocorre no mundo digital — e-commerce, mobile, parcerias digitais, ou seja, não é loja que fechou a porta. A segunda informação: desse volume no mundo físico, 63 por cento é no interior, menos impactado. A terceira informação é que, durante a pandemia, 51 por cento de todas as transações e compras no mundo do e-commerce passaram por uma solução da Stone em algum momento.
>
> Ao mesmo tempo, vimos que a situação de lojas físicas seria ruim. Antes da pandemia, estávamos em nossa busca por crescimento rápido. Em janeiro, fevereiro e março, contratamos 750 pessoas. Em abril, vimos a magnitude da pandemia atingir picos jamais imaginados e entendemos que, se vinte por cento das empresas fechassem, não teríamos quem atender. Se monto uma equipe para atender um shopping e o shopping fecha, as pessoas não terão o que fazer. Então fizemos uma análise dolorida e decidimos, por exemplo, que as pessoas que tivessem chegado agora e ainda estivessem em treinamento seriam dispensadas.

Algumas semanas depois, a Stone voltou a contratar.

Acesse livros e mentores

Médico por formação, filho de um empreendedor austríaco que veio ao Brasil a convite de d. Pedro II, Jorge Street foi um dos maiores industriais brasileiros na virada do século XIX para o XX. Participou da criação da Federação das Indústrias do Estado de São Paulo (Fiesp), mas se diferenciou especialmente pela abertura de diálogo com operários. O texto da exposição itinerante Pioneiros, da FEA-USP, assim o descreve:

> Até então, sindicatos eram considerados como bando de agitadores e a chamada questão social, simples questão de polícia. Por suas posições pioneiras na área social, Street tornou-se conhecido como "empresário socialista" e "poeta da indústria". Isso não impediu que organizasse suas empresas segundo uma estratégia arrojada e, na maioria das vezes, de imenso sucesso. Como porta-voz e líder de sua classe, defendeu durante décadas e com inusitado vigor a posição dos industriais no debate econômico do país [...].
>
> Entre 1911 e 1916 construiu, nas vizinhanças de sua tecelagem Maria Zélia, uma vila para a moradia de seus empregados. O traçado e as edificações da vila seguiam o melhor padrão das cidades construídas na Europa no início do século XX.

Aos 66 anos, Jorge Street, um homem-símbolo de seu tempo, trocou a vida empresarial por altos cargos governamentais. Os descendentes não seguiram a tradição industrial. Nascido três gerações depois em uma família de classe média do Rio de Janeiro, Andre Street só se aprofundou na história do bisavô na juventude.

Quando criança, Andre não ficava atraído pelas aulas e se mantinha inquieto na carteira. "Fui expulso de sete escolas", resume. Provocava crise de riso entre os colegas, corria na sala, e certo dia colocou pó de giz em todas as pás do ventilador, produzindo uma névoa no ambiente quando o professor de química ligou o aparelho. Mesmo quando estava desinteressado, porém, jamais dormia sobre a carteira. "Nunca dei esse mole. O colega vai pintar a sua cara de pasta de dente, vai te jogar água gelada na camisa. Era um olho fuzilando e o outro vigiando o gato."

O boletim variava entre altos e baixos, mas fora da escola o carioca bom de bagunça também ficou bom de leitura. Começou, lá pelos doze anos de idade, a encarar livros de autoajuda, como Napoleon Hill, autor do best-seller *Mais esperto que o diabo*, e Dale Carnegie, de *Como fazer amigos e influenciar pessoas*. Acabou se animando a rascunhar uma obra própria, que batizou de *O que todos veem e poucos têm* (ainda guarda o manuscrito).

Até hoje, separa duas horas diárias para estudar. Não à toa, o processo seletivo de trainees envolve a leitura de livros, como relatado no capítulo 10. "Num livro, os autores reúnem o aprendizado de uma vida em algumas páginas", disse à jornalista Cristiane Correa, autora de best-sellers como *Sonho grande*, durante um talk show em uma manhã de setembro no restaurante Manioca, em São Paulo. A plateia lotada tinha CEOs de grandes empresas e três presidentes de bancos. Praticamente ninguém mexia no celular. Estavam lá para ouvir sobre a nova economia.

Andre está acostumado ao caminho contrário. Desde cedo cultivou uma rede de mentores. O gosto pela leitura foi despertado pelo já falecido padrasto de um amigo. "Ele era um homem rico e era simples. Sempre dizia: 'A leitura é o que vai te empurrar para a frente'. Quando ele falava, eu ouvia. Quando ele me dava um livro, eu lia. Ele me dava uma informação e eu 'mordia', enquanto a escola dava e eu não mordia. Eu estava querendo ser adulto", relembra.

O olhar para mentores vem do pai, médico ortopedista, que morreu de câncer na cabeça poucos anos antes da criação da Stone.

Ele sempre cultivou amigos mais velhos. Quando tinha cinquenta anos, o melhor amigo tinha oitenta. Ele sabia não incomodar, lidar com gente muito rica, muito pobre, uma navegabilidade impressionante. Todo mundo o amava. Era muito querido. Dentro de casa, era uma fera, mas fora se mostrava um exemplo de capacidade de relacionamento. Então me espelhei muito nisso. Acho que muitos aspectos da minha personalidade têm a ver com o meu pai. Se eu for a um banquete da rainha da Inglaterra, estou simplesmente em casa. Se eu for almoçar em uma favela, estou simplesmente em casa. Isso foi herança dele. Era meu melhor amigo.

Andre é literal: na adolescência, tomava os elevadores que ligam Ipanema ao morro do Cantagalo para dar aulas de jiu-jítsu, no qual é faixa preta. "Teve cara que fez aula comigo e virou traficante", conta. Tempos depois, eles se encontraram nos elevadores. "O cara com uma metranca me chamando: 'Street!!!'", lembra. "Eu nunca fumei e fui beber com vinte anos de idade. O meu negócio era o jiu-jítsu."

Ao mesmo tempo, com a curiosidade sobre o mundo dos negócios, ele impressionava empresários cariocas como Beto Sicupira, que se tornou progressivamente um de seus maiores mentores.

Em casa, o pai de Andre não dava mole para a família e chegou a cortar os cabos do ar-condicionado quando a conta de energia elétrica estava alta demais. Os rendimentos do médico custeavam as despesas básicas, enquanto o lazer e outras compras vinham do salário da mãe, psicóloga da extinta Varig. Quando o nome dela entrou em uma lista de demitidos da companhia aérea, lembra Andre, "foi uma tragédia", e a família apertou o cinto.

O controle de dinheiro reforçou o estilo sem muita frescura da família e fez os filhos se virarem. Na adolescência, Andre decidiu aprender inglês e foi a uma unidade da escola Wizard pleitear uma bolsa. Ficou amigo do dono, da diretora e acabou conseguindo fazer o curso intensivo pelo preço do básico. "O homem que não fala inglês é um morto que caminha, porque as portas se fecham para ele. E eu só acredito que você aprende fazendo uma imersão."

O garoto chegou com o mesmo discurso no Sebrae, serviço de apoio a micro e pequenas empresas, e conseguiu um desconto para fazer um curso de importação e exportação (ainda hoje desconfia que o subsídio tenha saído do bolso de um funcionário que ouviu os anseios dele). Era então um menino de catorze anos e tentou montar um negócio de venda de cachaça, açaí e outros produtos tipicamente brasileiros para o exterior. O negócio não foi para a frente, mas o curso lhe abriu os olhos para o potencial de cartas de crédito. Aos quinze, quando ingressou na graduação em direito da Universidade Cândido Mendes, graças a uma liminar, relata, depois que passou no vestibular precocemente, criou a PagaFácil, que conectava vendedores e compradores em transações de e-commerce e sites de leilão. Ligava para empresas como Mercado Livre, Arremate.com, Local.com e Bazar e se apresentava como "presidente da PagaFácil". Mal tinha pelos no rosto e aparecia nos lugares de sapato social, camisa dentro da calça. Um dia, pediram que apresentasse seu investidor. Ele não tinha nenhum, então levou o próprio pai, que participou da reunião.

Anos depois, Andre fundou outras empresas. As mais bem-sucedidas vieram da parceria com seu "sócio siamês", Eduardo Pontes, que vive em Londres, longe de qualquer holofote. No dia do IPO, estava misturado aos funcionários. Se Andre é figurinha difícil em entrevistas e evita exposição, Eduardo é quase uma lenda. Uma das criações da dupla, a Braspag, foi vendida em 2009 para o Grupo Silvio Santos por 25 milhões de reais. Dois anos depois, a companhia acabou repassada para a Cielo (por ironia, concorrente da Stone) por 40 milhões de reais.

Em 2011, Andre e Eduardo fundaram juntos a Arpex Capital, que alavancaria outros negócios inovadores e viria a ter sócios como o fundo Gávea, de Armínio Fraga e o trio Jorge Paulo Lemann, Marcel Telles e seu mentor Beto Sicupira. Criaram negócios como a Sieve, de empresas de comércio eletrônico, vendida para a B2W (controladora do Submarino e da Americanas.com) por 88,6 milhões de reais. Adquiriram em 2016 a empresa de micropagamentos Pagar.me, fundada pelos prodígios Henrique Dubugras e Pedro Franceschi, que foram depois estudar na Universidade Stanford e montaram no vale do Silício uma fintech que virou unicórnio em 2018, quando os dois tinham apenas 22 anos: a Brex, empresa de cartão de crédito para start-ups.

A Stone foi fundada em 2012, no embalo da quebra do duopólio de Cielo, que tinha exclusividade para operações na bandeira Visa, e Rede, comprometida com a Mastercard, pelo Banco Central. A mesma oportunidade que fez o império da PagSeguro. Em 2019, a Stone anunciou um raro namoro sério entre *scale-up* e um negócio tradicional: associou-se ao Grupo Globo para produzir, em uma *joint venture*, um novo produto de pagamento, feito sob medida para microempreendedores. Batizado de Ton, ele une um modelo de maquininha bem básico, aplicativo que permite vendas on-line sem qualquer aparelho e conta digital, para que até os desbancarizados possam faturar. A Stone entra com o conhecimento no ramo, enquanto os veículos da família Marinho colocam seus canhões de mídia para promover a novidade.

Até então, pequenas e médias empresas eram o foco da companhia. Andre mantém no WhatsApp o contato de vários desses empreendedores, de donos de quiosques a barbeiros, aos quais apenas diz que "trabalha na Stone". Usa as queixas e observações como amostra de como vai o negócio. "Outro dia, fui pagar a conta em um café em Pinheiros e, ao puxar assunto sobre a maquininha, ouvi que um carioca chamado Andre é que tinha feito a venda quando passou lá com amigos. Com a descrição, não foi difícil perceber que era o próprio Andre Street", diz o investidor Michael Nicklas, da Valor Capital.

Por essas e outras, assim como aconteceu com o bisavô um século antes, Andre foi se tornando um empreendedor-símbolo dos negócios de seu tempo.

Na noite de sexta-feira da final do processo seletivo Recruta, fiz a segunda de duas entrevistas com Andre e perguntei: "Se o seu livro de adolescência, *O que muitos veem e poucos têm*, fosse escrito hoje, qual seria o principal tema?". Ele respondeu o seguinte: "Quando você constrói relações *win-win* (ganha-ganha) e está genuinamente interessado no outro, isso também é o melhor para você. Acho que é uma coisa que está aí aos olhos de todos, mas poucos realmente enxergam".

CONFIRA
O valor da ação da Stone na Nasdaq em tempo real.

14
Negócio da China × negócio com a China

99, Ebanx

DEPOIS DE SUPERAR a grande concorrente Easy Taxi, a 99 passou a mirar um rival mais poderoso e difícil de bater.

Nascida em San Francisco, em 2009, a Uber só chegou ao Brasil em 2014, após o paulistano Guilherme Telles assistir a uma apresentação sobre a plataforma na Universidade Stanford, onde cursava MBA, e questionar a diretora de expansão sobre a ausência do país nos planos, que incluíam o México. Ouviu, entre outras coisas, que não tinham a pessoa certa para comandar a missão e viu aí uma oportunidade. Preparou uma apresentação para a empresa na qual citava o potencial brasileiro do negócio e foi escolhido como o cabeça da operação em São Paulo, inicialmente instalado em um coworking com mais duas pessoas.

Difícil imaginar um outro serviço recebido com tanta polêmica no mercado. Taxistas organizavam buzinaços contra o app. Alguns radicais agiam nos bastidores. Foram vários os relatos de emboscadas nas quais os motoristas de praça simulavam chamar uma corrida para atrair o condutor da Uber a uma rua onde seria cercado, ameaçado e, vez ou outra, espancado.

Em outra frente, as administrações municipais em todo o país não sabiam lidar com a novidade tecnológica e levou anos para que houvesse alguma paz. Ainda assim, o serviço pegou. Em novembro de 2015, na primeira vez em que a Uber divulgou seus números, havia 7 mil condutores cadastrados na plataforma no país, metade na cidade de São Paulo. Um terço deles recorria à alternativa ao ficarem desempregados, em uma espécie de Serra Pelada digital, em um momento no qual o app pagava incentivos abundantes. Como nos anos seguintes não faltava gente sem trabalho — o que também impulsionou fortemente os aplicativos com motociclistas —, o app disparou.

Em pouco tempo, a capital paulista, com seus graves problemas de mobilidade, se tornou o maior mercado da Uber em todo o mundo em número de corridas. Em 2019, eram cerca de 22 milhões de usuários e 600 mil motoristas em todo o Brasil.

Em agosto de 2016, a 99 ampliou seu escopo para, além de táxis, entrar na disputa pelos carros particulares, justamente o filão da Uber. Isso só aconteceu depois que a relação com as prefeituras brasileiras estava mais calma.

Comprar essa briga sozinho seria suicídio, concluíram os sócios brasileiros. O CEO Paulo Veras queria fazer rodadas maiores de investimento para sustentar a ascensão e pensou em procurar a chinesa Didi Chuxing, a maior empresa do país asiático em transporte por aplicativo. Ainda em setembro de 2015, Paulo falou por telefone com Tony Qiu, na época um dos líderes internacionais do negócio. Buscava unir forças. Ao final da conversa, Tony esfriou as expectativas: "Vou ser sincero. Estamos numa batalha tensa para ganhar a China. O Brasil não é a nossa prioridade".

O papo reto iniciou, porém, uma amizade corporativa colorida, de troca de informações estratégicas úteis para os dois lados e telefonemas eventuais. De acordo com o site The Information, a Uber estudou a compra da 99 para triunfar sozinha no mercado brasileiro, mas o então CEO Travis Kalanick considerou que poderia vencer a plataforma brasileira. Na China, raciocínio semelhante acabou em vitória dos locais. Em 2016, a Didi anunciou a compra da subsidiária chinesa da Uber, criando uma empresa de 35 bilhões de dólares, de acordo com a agência Reuters (28 bilhões da primeira e 7 bilhões da segunda) e ganhou o jogo do mercado local.

Tony ligou para Paulo: "Resolvemos a China. Agora o desafio é o mundo. Queremos aprofundar a nossa conversa". Já no mês seguinte a Didi enviou uma delegação para São Paulo. A amizade colorida virou relacionamento sério. Os estrangeiros lideraram o investimento da série C, de 100 milhões de dólares na 99, dando fôlego na briga com a Uber. Além de dinheiro, os asiáticos também enviaram seu know-how, na forma de executivos designados a tocar algumas áreas da companhia brasileira, como a diretoria de operações.

Em certa medida, foi como abrir as portas para um unicórnio de Troia, na percepção de alguns.

Segundas intenções

Diante de todas as diferenças culturais, o intercâmbio se revelou amistoso no início. A delegação brasileira que visitou a sede da parceira oriental encontrou uma recepção gentil, com passeios por caraoquês e bons restaurantes típicos.

Em São Paulo, a turma simpatizou com os caras novos. Eles pareciam mais almofadinhas, mas logo caíram no samba.

"Demos uma estragadinha neles", diz um ex-contratado. Os brasileiros ficavam preocupados quando eles decidiam voltar a pé de madrugada dos bares até o hotel, dando mole com celulares, sem o cuidado quase automático dos locais com assaltos, e se divertiam com os relatos de viagens de fins de semana dos membros da Didi para cidades como Salvador. Ter sábado era um presente para eles, acostumados a ralar no sistema 9-9-6 (das nove da manhã às nove da noite, seis dias por semana). Ainda assim, quem esperava por máquinas de trabalhar se surpreendeu com alguns hábitos impensáveis por aqui. Depois do almoço, muitos tiravam um cochilo de uma horinha debruçados sobre a mesa.

No dia a dia do escritório, até certo momento, as diferenças na cultura corporativa ora dificultavam a rotina, ora serviam como um grande aprendizado. Uma trombada recorrente acontecia quando as médias gerências precisavam se alinhar sobre algo. Enquanto aqui o costume era ter a autonomia para tomar decisões cotidianas, os chineses aguardavam pelas orientações do topo, em uma hierarquia rígida. O resultado é que as decisões não saíam e o trabalho atrasava.

Por outro lado, o patamar de velocidade e a agressividade dos asiáticos foi uma grande lição para os locais. "Falavam abertamente no objetivo de atingir um *valuation* de 1 bilhão de dólares e se tornar o primeiro unicórnio brasileiro", relembra Davi Miyake dos Santos, na época *head* de estratégia e planejamento e depois promovido a diretor de operações e produto. "Eles queriam crescer cinquenta por cento em uma semana. Ficou visível que a gente se contentava com pouco. Faziam a meta do dia e, se de manhã não estava batendo, já pensavam no que seria feito à tarde para resolver", diz Paulo, que em outubro de 2016 passou o posto de CEO para um executivo americano chamado Peter Fernandez. Egresso do

Google, o gringo havia assumido dez meses antes como Chief Product Officer.

Eram altos e baixos previsíveis de culturas tão distintas, até que alguns passos estranhos passaram a ser ouvidos pelos corredores, e a confiança começou a ruir. Paulo relata que, de reunião em reunião, de e-mail em e-mail, cresceu a impressão de que o time visitante não queria pensar junto a operação, mas dar as cartas. Alguns outros profissionais da época dizem que não receberam isso com surpresa, mas nem por isso era uma situação fácil. Um ex-funcionário que usava dados das corridas de forma estratégica conta: não tinha acesso a diversas informações do próprio negócio porque elas ficavam concentradas na China. Era preciso fazer pedidos para que os estrangeiros enviassem reportes, uma burocracia agravada pela diferença de fuso horário. Estava aberta a franca colonização da 99 pela Didi. Paulo relembra essa época:

> Gastamos muito tempo e energia tentando mostrar o jeito que a gente fazia as coisas, por que tínhamos resolvido isso ou aquilo daquela forma, até chegarmos à conclusão de que essa conversa era totalmente irrelevante para os chineses. Vivemos muito esse conflito. Nossa equipe de tecnologia era excepcional, mas eles não se importavam com isso. Davam zero valor para o nosso time e para o nosso produto. Iam botar tudo deles *anyway*, então era irrelevante. Basicamente o que compraram na 99 foi a rede de motoristas e passageiros. Acabaram mais tarde entendendo que veio uma marca muito boa a reboque, tanto que não mudaram o nome de 99 para Didi. Depois que compraram a empresa, saiu todo mundo do meu time. Tinham zero preocupação com isso. Para eles, gente não é um ativo fundamental. Iam querer trazer pessoas deles *anyway*. É uma filosofia muito particular. Não confiam nas outras pessoas [...]. No começo, os chineses não falaram

que iam jogar tudo o que fizemos fora. Tem essa questão de transparência na forma como o chinês opera. Tínhamos discutido, desde o investimento, de fazer uma cooperação tecnológica. Queriam botar o (produto) deles, mas nunca falaram isso pra gente. Fomos convergindo para entender isso, que essa era a agenda desde o princípio. Esse processo foi extremamente desgastante.

Para o diretor de operações Davi, foi natural que os sistemas da Didi prevalecessem. "Era a tecnologia na qual foi investido 1 bilhão de dólares, com muita inteligência artificial. Não é nem que a tecnologia do Brasil fosse ruim, mas a da Didi era tão melhor que não fazia sentido pensar que no futuro não teríamos aquilo." O tom da conversa da Didi mudou em setembro de 2017. Executivos avisaram que a corporação asiática decidiu comprar o negócio e assumi-lo de uma vez, pois teria de injetar montantes vultosos na operação. Desejavam saber qual era o preço dos acionistas.

Paulo, Ariel Lambrecht e Renato Freitas conversaram e mandaram a resposta: não venderiam. Tinham outros planos: captar 500 milhões de dólares em uma nova rodada de investimentos e ganhar fôlego para protagonizar a briga com a Uber. "E aí a relação ficou muito difícil", afirma Paulo. Os homens da Didi diziam que não acreditavam no plano e, segundo o ex-CEO, faziam insinuações, querendo dizer o seguinte: "Se vocês decidirem ir por esse caminho, não vou ajudar. Talvez até atrapalhe um pouquinho". Como os resultados cresciam, apesar da queda de braço, não demorou para aparecer um interessado em aportar aproximadamente metade dos 500 milhões de dólares pretendidos. A relação piorou.

Eles (da Didi) tentaram barrar isso. Ligaram para os investidores e disseram: "Não investe, não. Não faz sentido. Está caro". No final das contas, os investidores não desistiram. Pelo contrário. Liguei para o cara (do fundo) depois desse telefonema e ele me disse: "Só me animei mais. Se o cara se dá o trabalho de ligar e dizer para eu não fazer, é certeza que o negócio é bom".

Em 2017, a empresa disparou, passando de 170 para novecentos funcionários de janeiro a dezembro. Mas os recém-chegados rapidamente percebiam que era difícil produzir no meio do tiroteio entre os grupos. A estratégia dos dois lados era deixar o outro desconfortável. Profissionais dessa época contam que alguns brasileiros também jogaram duro, quando atrasaram o lançamento do 99 Pop em diversas cidades, já que o recurso usava o sistema da Didi. O trio de fundadores decidiu conversar. Combinaram que colocariam um preço grande na mesa. O outro lado achou as cifras inflacionadas. Mais tarde, um novo valor ficou acertado.

A venda foi anunciada em janeiro de 2018: os chineses, que haviam liderado uma rodada de 100 milhões de dólares por uma participação minoritária em 2017, dessa vez fizeram um aporte bem maior, cujo valor não foi revelado, para poder mandar em tudo. A maior parte do dinheiro parou no bolso dos investidores, como Softbank, Monashees, Riverwood Capital e Tiger Global. Uma fatia estimada em cerca de quinze por cento ficou com o trio de fundadores, informação que jamais confirmaram.

Na transação, a companhia ficou avaliada em 1 bilhão de dólares, tornando-se assim a primeira start-up unicórnio a ser conhecida no Brasil. Profissionais da Movile dizem que o grupo tinha chegado lá em março de 2017, mas o dado não era público. O Nubank afirma que também já tinha sido avaliado em mais de 1 bilhão antes, em um possível investimento que não se concretizou.

Paulo relativiza a importância desse marco: "Me perguntam se, oficialmente, a 99 é o primeiro unicórnio brasileiro. Eu digo que, oficialmente, unicórnios são seres mitológicos. Eles não existem".

Para ele, mesmo com todos os percalços, foi uma história de final feliz:

> A gente fez um jogo bem jogado para, mesmo depois de colocar um sócio difícil para dentro, haver uma saída feliz. Ela poderia ter sido desastrosa, poderíamos ter terminado de mãos abanando. Não ficou nenhum arrependimento porque, no fundo, quando você traz um sócio estratégico, ele sempre vem com a sua agenda. Sempre existe conflito. Ele não está fazendo um investimento em você só por um retorno financeiro. Isso é óbvio: ele quer operar o negócio. Você precisa gerenciar essa agenda para não contaminar totalmente a sua. Dado o contexto, tivemos um *outcome* fantástico, que não foi sem muito trabalho, sem muito estresse. Não ficou nenhum arrependimento.

Paulo só voltou à empresa mais uma vez para se despedir das pessoas. Tornou-se um investidor. Ariel e Renato fundaram juntos a plataforma Yellow, de aluguel de bicicletas para trechos curtos, que se fundiria com a mexicana Grin, de patinetes, resultando na Grow Mobility. No começo de 2019, Renato partiu para carreira solo como investidor-anjo. Um ano depois, ficou notória a crise na Grow, com demissões, problemas no modelo de negócios e desentendimento entre os sócios, que culminaram no afastamento de Ariel. Em março de 2020, foi anunciada a venda para o fundo de investimento Mountain Nazca.

Quatro meses depois da compra da 99, em janeiro de 2018, o CEO Peter Fernandez foi substituído pelo chinês Tony Qiu. Apesar do contato telefônico frequente, Tony e Paulo nunca se encontraram pessoalmente.

Tony era um sujeito reservado, e os funcionários pouco sabiam sobre ele e sua vida. Ele se manteve uma presença discreta no Brasil até deixar o cargo no fim de 2019. Diversos sites brasileiros usaram fotos de orientais homônimos para ilustrar suas reportagens.

O *dress code* sofreu uma mudança natural: menos chinelos, mais camisas. O novo escritório, inaugurado na mesma época da transação, seguiu divertido: tem rotas de trânsito pintadas no chão, por onde passam funcionários de patinete e skate elétrico (*hoverboard*).

A briga com a Uber continuou boa. Em 2019, o app brasileiro foi o décimo mais baixado do Brasil pela Apple Store; o americano ficou em oitavo. A pesquisa Panorama Mobile Time/ Opinion Box, divulgada no mesmo ano, apontava que a Uber tinha oitenta por cento da preferência do público em aplicativos de carros particulares (ou seja, excluindo táxis) em comparação com os 87 por cento do ano anterior. No mesmo período, o 99 Pop subiu de dez para dezessete por cento. Ao final do ano, a operação da 99 atingiu seu *break-even*, ou ponto de equilíbrio, quando passa a ganhar mais do que gasta.

E assim se desenhou a primeira grande fagocitação de start-up brasileira pelos chineses. Poderia ter sido a segunda. Um ano antes de a Didi comprar a 99, outro gigante da nação oriental namorou silenciosamente o futuro unicórnio verde e amarelo do Paraná...

Dizer "não" para o maior cliente

Desde a fundação, os sócios da fintech curitibana Ebanx contrariaram o "manual" das start-ups de rápido crescimento em diversos aspectos.

Primeiro, nunca estiveram dispostos a assumir fases de prejuízo em prol de crescimento rápido. O negócio sempre fechou o ano com lucro. Segundo, durante um bom tempo, evitaram aportes de fundos, para não dividir o bolo com parceiros. "Esse tipo de dinheiro é o mais caro do mundo", pondera o CFO Wagner Ruiz. Ele exemplifica: quando a empresa tinha aproximadamente um ano de vida, um investidor ofereceu 800 mil reais por vinte por cento de participação. "Na época a gente estava precisando. Mas teria sido o dinheiro mais caro do Ebanx." O apostador sairia com a mesa cheia: esses vinte por cento valeriam R$ 200 milhões, ou 250 vezes o valor aportado, ao final de 2019, quando o Ebanx recebeu a segunda rodada do fundo FTV.

Na mesma época em que rejeitou a proposta, o trio de sócios percorreu o caminho da roça de microempresas tradicionais para levantar capital: o famoso "papagaio" (empréstimo no banco) concedido às pessoas físicas e jurídicas, de 200 mil dólares. "Demos nossos carros como garantia", diz o CEO Alphonse Voigt.

A operação bancária foi providenciada às pressas, como uma espécie de caução exigida pelo e-commerce Alibaba para que usasse o Ebanx como intermediadora de seus pagamentos no Brasil. Os chineses é que haviam procurado a start-up paranaense, por um motivo: ela era dona do domínio <www.boletobancario.com.br>, e os clientes brasileiros pediam o tempo todo a opção de pagar com boleto, modalidade desconhecida por eles. A sede tinha apenas dez funcionários e, para dar uma boa impressão quando a delegação internacional fez uma visita, Alphonse arranjou amigos como figurantes. "Aqui, vocês podem ver, é nossa área de *compliance*. Esses outros são de atendimento ao cliente", explicava, num grande blefe.

O contrato, fechado após meses de negociação, foi o primeiro salto do Ebanx, que preparava no início de 2020 a abertura de seu escritório em Shenzhen com vinte profissionais, metade brasileiros e a outra metade talentos locais.

A relação com a companhia de Jack Ma, um dos homens mais ricos da China, ficou tão forte que, em 2015, um funcionário da área de fusões e aquisições procurou a empresa interessado em adquirir a maior parte do negócio. A princípio, mesmo não interessados, se abriram para a conversa com aquele que era o maior cliente.

"Não lembro os números (*exatos*), mas basicamente era: 'Vou dar uns milhões para vocês, vocês vão ser felizes junto do Alibaba, vão trabalhar com o Jack Ma... E é isso aí, sintam-se honrados'", diz Wagner. "Eles são extremamente agressivos em negociação." Segundo o cofundador João del Valle, a proposta era algo na casa de 100 milhões de dólares por uma fatia majoritária. "Eles queriam o controle da operação."

Alphonse diz que eles ficaram lisonjeados pelo interesse ("é uma validação"), mas atentos para não dar passo em falso. Não dava para mostrar descaso com um freguês responsável por 95 por cento do faturamento naquela época, ainda mais vindo de um país de rituais e tradições que desconheciam. Pesquisaram sobre o tema, leram livros a respeito de negociação com chineses e concluíram que responder "não" seria algo delicado.

Então os três decidiram conduzir as conversas com calma, ao longo do ano, e no final viajar juntos à China. "Temos que ir lá, ajoelhar no milho, ouvir tudo o que eles têm para falar e dizer um 'não' sem achar que estamos falando 'não'", combinaram, segundo Wagner.

Estavam tensos na chegada à Ásia, mas a forma como o encontro aconteceu surpreendeu o trio. Quando começaram os preâmbulos para pular fora da jogada com meias-palavras, o diálogo mudou de rumo. Sabrina Peng, uma das principais executivas da companhia, tomou as rédeas da conversa. "Ela é esperta. Na hora em que viu que a gente ia falar 'não', se antecipou: 'Que bom conhecer vocês. Estou vendo que estão indo muito bem, está todo mundo feliz, muito bom.'"

Os três se entreolharam aliviados. Missão cumprida, amizades mantidas, assunto encerrado.

15
Cabeçadas em terra estrangeira

Gympass, Movile, Nubank

A LOGGI TEM UM FUNDADOR FRANCÊS. O Nubank, um americano e um colombiano. Não faltam exemplos de outros estrangeiros que imigraram para o Brasil com o objetivo de empreender na onda da nova economia e construíram negócios inovadores de sucesso. Em paralelo, uma leva de empreendedores brasileiros criou sua start-up logo depois de voltar de uma temporada no exterior, quase sempre cursando um MBA nas melhores universidades em importantes polos de inovação, de onde trouxeram conceitos e inspiração para a empreitada nacional.

O Brasil já viu esse filme mais de um século atrás. Nos ciclos de desenvolvimento do século XIX, um pouco antes e um pouco depois, boa parte dos titãs nacionais foram construídos por gente desses dois grupos: empreendedores imigrantes e brasileiros que se abasteceram de ideias no Primeiro Mundo. "Isso faz parte da modernização", diz o ex-reitor da USP Jacques Marcovitch, estudioso da história do empreendedorismo nacional.

A lista de desbravadores que beberam do conhecimento em outros continentes e retornaram cheios de planos tem entre seus nomes mais emblemáticos Irineu Evangelista de Souza (1813-89), conhecido como barão de Mauá ou visconde de Mauá, porque tinha os dois títulos de nobreza. Nascido no Rio Grande do Sul e criado no Rio de Janeiro desde os oito anos de idade, começou a trabalhar ainda criança como ajudante em uma loja de tecidos da qual virou sócio na juventude. Em 1840, embarcou em uma viagem de veleiro até a Inglaterra, país onde pôde observar de perto a primeira estrada de ferro comercial do mundo, ligando Liverpool a Manchester, que surgiu dez anos antes. De volta ao Brasil, usou os conhecimentos adquiridos e construiu a Estrada de Ferro de Petrópolis, a ferrovia nacional pioneira. Criou também a Estabelecimento de Fundição e Estaleiros Ponta da Areia, em Niterói, que foi a primeira grande indústria do país; o Banco Mauá, o primeiro grande banco; a Companhia de Navegação a Vapor do Amazonas, companhia pioneira na navegação do rio Amazonas, entre outras realizações.

Dos estrangeiros, fizeram história nomes como o italiano Francisco Matarazzo, que formou o maior império industrial da América Latina, o libanês Nami Jafet, precursor da indústria têxtil, o prussiano João Gerdau, que iniciou com uma fábrica de pregos o império conhecido por seu sobrenome, e o sueco Herman Theodor Lundgren, da loja de tecidos do Nordeste, mais tarde transformada nas Casas Pernambucanas.

É também de olho em um país continental, cheio de oportunidades em negócios disruptivos e de problemas a resolver, que gente como o espanhol Sergio Furio, criador da Creditas, chegou aqui em 2012. Ele tinha quase cinco anos de experiência no Deutsche Bank e sete no Boston Consulting Group quando escolheu o Brasil para iniciar uma fintech. Abriu os olhos para o país depois que a namorada brasileira lhe mostrou os dados de spread bancário e os juros praticados aqui. O negócio foi batizado inicialmente de BankFacil e tinha um modelo um pouco diferente. Acabou focando em um produto mais comum em outros países, o empréstimo com garantia, conhecido como hipoteca. Os juros são abrandados nessa modalidade, pois o cliente põe em risco a posse de um carro ou de um imóvel. A inadimplência, conta, está abaixo de um por cento.

Entusiasmado com os cálculos que havia feito a partir da pesquisa sobre os dados bancários brasileiros, Sergio tampou os ouvidos para a enorme lista de dificuldades apresentadas por experts do ramo: possíveis brigas com bancos, entraves regulatórios, encargos trabalhistas e o acesso limitado da população à internet. No decorrer dos anos, o negócio se tornou um dos mais sexy aos olhos dos investidores, e uma rodada liderada pelo Softbank em julho de 2019 injetou 231 milhões de dólares, ampliando o *valuation* da Creditas para 750 milhões de dólares (três quartos de unicórnio). Também se destacou no ranking de melhores lugares para trabalhar. No Halloween, os funcionários se fantasiam com trajes formais, como ternos e gravatas, expressando o pesadelo de atuar em uma companhia "tradicional".

"O brasileiro às vezes fica fechado numa ideia de que as coisas são como são, acham que não dá para mexer. O empreendedor gringo que chega não se conforma com isso, então quer repensar, percebe que não faz sentido", diz Sergio. Mesmo com nove meses de enfrentamento burocrático para conseguir um CNPJ, ele começou os trabalhos de maneira informal. "Fui no jeitinho brasileiro."

Há algo diferente, porém, com os tempos do barão de Mauá: o caminho contrário, de levar as inovações brasileiras para fora do país, tem entrado no plano dos empreendedores. Se o Brasil é visto como um eldorado por alguns estrangeiros, por vezes fica pequeno para a ambição dos unicórnios nacionais. Muitos já colocam os pés em terras internacionais e colecionam aprendizados, em grande parte na base dos equívocos que cometeram.

Caravelas, volver!

Desde que começou a esculpir seu modelo nacional, o trio fundador do Gympass pensava no mapa-múndi. Quando os sócios enfim descobriram que o pulo do gato era oferecer seu passe de acesso a múltiplas academias a empregadores relevantes, não demorou para darem início ao plano global. "O nosso país é muito extenso e isso pode deixar as empresas acomodadas. Era possível seguir aqui e pensar em outros mercados ao mesmo tempo", diz o CEO na América Latina, Leandro Caldeira.

Havia ainda um país inteiro a ser conquistado, mas na visão dos fundadores era preciso correr para fincar a bandeira lá fora, antes que os concorrentes o fizessem. Ter multinacionais do portfólio do Gympass era um trunfo, pois parte delas estava aberta a estender a todas as praças o igual benefício usufruído pela equipe brasileira.

Ser ambicioso, porém, não significava tornar-se afoito. O grande prêmio para a companhia, sempre pensaram, seria o mercado dos Estados Unidos e da China, por serem, ao mesmo tempo, continentais e os principais polos de inovação. Para chegar lá bem afiados, entretanto, era preciso experimentar terras um pouco menos visadas, onde testariam seu modelo em escala internacional.

O México ficou definido como primeira parada. Lá, pensavam, teriam o maior número de similaridades com o Brasil, além de um grave panorama nacional de sedentarismo a ser combatido. A Europa viria em seguida. A França deveria ter uma adesão instantânea ao negócio, pois as empresas com mais de cinquenta empregados precisam investir o equivalente a 0,2% de sua folha salarial em atividades de qualidade de vida — uma fatia gorda em grandes organizações. De novo, porém, tudo só ficou bonito na prancheta.

João Thayro, o caçula entre os sócios da Gympass, assumiu a missão internacional e instalou-se com a mulher em Polanco, bairro nobre da Cidade do México. Era o único profissional e teria de recrutar o resto do time por lá. Vendedores estavam na prioridade do recrutamento. João atraiu os nomes por meio de sites de emprego e, logo na segunda semana, fez cinquenta entrevistas. *Bom começo*, pensou.

Assim, até o final do primeiro mês, seu time contava com quinze vendedores. No seguinte, só haviam sobrado dois. Saiu daí o aprendizado número um. "A mão de obra no México é barata, mas volátil. O padrão adotado no Brasil, de pagar comissão por vendas, não deu certo." As conversas com executivos e gestores de RH costuma levar meses ou um ano inteiro até o contrato ser assinado, um teste para a paciência de quem trabalha por comissão, como acontece aqui. Para evitar que os vendedores saíssem no primeiro flerte da concorrência, seis meses depois de aterrissar no país ficou decidido que eles virariam funcionários contratados.

Outro desafio — talvez o maior deles — era a falta de tradição do país em oferta de benefícios empregatícios. Os empregadores tinham por característica a alta rotatividade e os baixos salários, e o mercado, na observação do Gympass, parecia confortável com a ideia.

O divisor de águas foi trazer para a carteira de clientes a seguradora Profuturo, do grupo Bal, pertencente a uma das famílias mais ricas do país. A chefia queria combater o entra e sai de empregados e enxergou no passe uma possibilidade de garantir isso. "Quando funcionou muito bem, pensei: já tenho o meu *success case*." Ter um cliente desse tamanho no portfólio ajudou a abrir as portas de outras companhias. "A partir do momento em que tive uma empresa tradicionalmente mexicana que comprou a ideia, com resultado positivo, eu conseguia vender melhor para os demais. E fechamos vários contratos depois disso."

A lógica de expansão de um mercado se assemelha, muitas vezes, à venda de produtos inovadores: é preciso conquistar os *early adopters* (cliente ávido por novidades) e ganhar a credibilidade entre eles para então buscar a *early majority* (um número maior de fregueses antenados com tendências). Só assim é possível pensar no público em geral.

Próxima parada: Europa. O Gympass começou na Espanha em 2016, onde adquiriu a GymAdvisor, cujo modelo se parecia com seu sistema antigo, voltado a usuários individuais, e não corporativos. A ideia era garantir rapidamente um portfólio de academias. O Banco Santander foi um aliado na expansão, e, como oferecia o benefício no Brasil, foi um dos clientes que se interessaram em repetir a dose nos países onde estava presente. Até o fim daquele ano, a empresa chegou a outras localidades europeias.

A França, antes foco de animação dos empreendedores, se mostrou o território mais casca-grossa para os brasileiros. Lidar com os *comités d'entreprises*, que decidem o destino dos 0,2 por cento destinados à qualidade de vida, era algo burocrático. "Esse negócio do comitê é assim: o cara está sentado lá e vem com a conversa: 'O que você vai me oferecer em troca?'", diz João. A falta de vontade de adotar o benefício era evidente. "O RH mandava para o comitê, que mandava para o RH, que mandava para o comitê, que mandava para o RH... João acabou tendo de trocar o México pela França a fim de entender o que dificultava o progresso local e tentar destravar a roda. Promoveu a troca de executivos, mas as dificuldades persistiram. Não dava, contudo, para ficar esperando que as coisas se acertassem ali para só então olhar o restante do continente. Assim, menos de um ano depois partiu para morar na Alemanha e tratar da expansão local. Em seguida, chegou à Itália, onde fixou residência.

Na chegada a cada país, representantes de academias, empresas e até candidatos a emprego verbalizavam estranheza diante da originalidade *made in Brazil*. "Ouvi muitas coisas como: 'Mas por que uma start-up brasileira? Normalmente nós é que vamos daqui para fora, e não vocês para cá'. A outra pergunta comum era: 'Quem vocês estão copiando?'."

Em paralelo, a vida pessoal de João estava virada do avesso. Sua mulher, que o acompanhou em toda a missão internacional, chegou à França grávida de sete meses do primeiro filho do casal. O menino tinha menos de um ano de vida quando enfim se estabeleceram em Milão. "A família sofreu bastante com todas essas mudanças." Na Itália, eles tiveram uma menina. João conta que consegue pouco tempo para usar as academias da rede credenciada. "Faço levantamento de bebês." Os treinos ficam reservados para as suas viagens periódicas a trabalho.

As atividades nos Estados Unidos começaram em 2017. Cesar Carvalho, o CEO global, se mudou para Nova York com a missão de liderar a operação. A sede funciona no charmoso Soho, em Manhattan. Era o grande mercado a ser conquistado e foi onde o modelo se mostrou mais bem-aceito. Os Estados Unidos não cultivam uma tradição forte em benefícios, mas o plano de saúde é obrigatório para empresas com determinado número de empregados. Os custos médicos no país são altíssimos, e a perspectiva de diminuir os gastos com o sinistro do seguro por meio de funcionários mais saudáveis animou as companhias a se tornarem parceiras, trazendo algo diferente da Europa, onde em geral há bom serviço de saúde pública.

Em cada escala da viagem internacional do Gympass, a contratação era invariavelmente um desafio. Em especial na fase de expansão rápida, a start-up seguiu a mesma estratégia de indicações de bons funcionários.

"Não é uma indicação normal, uma referência de alguém", explicou Cesar em um evento no Cubo, em 2018. A primeira pergunta que ele costuma fazer é: "Por quem você colocaria a mão no fogo?". A segunda questão tenta confirmar a validação: "Pode afetar a sua avaliação se ele for mal?". Conseguir esses nomes bem referenciados é o início. "Aí você vai lá e convence essas pessoas a entrar na empresa", explicou. Uma vez que os novatos chegam e têm uma boa performance, são eles que devem recomendar mais gente boa. Fora do Brasil, a fórmula se manteve. No início de 2020, os executivos do Gympass estudavam a conquista da próxima fronteira, a Ásia, um estudo adiado provisoriamente devido ao novo coronavírus. A grande dúvida permaneceu então no ar: China ou Índia, por qual país começar?

Cuidado com as diferenças

Quando a Movile decidiu fazer sua expansão para a América Latina, os executivos imaginaram ter uma região razoavelmente homogênea. "Ela não é. Tem diferenças culturais bastante importantes de um país para o outro. Você precisa entender e respeitar isso", diz o cofundador Eduardo Lins Henrique. Ele enumera: há grandes rivalidades pouco conhecidas dos brasileiros, como a que existe entre argentinos e chilenos — uma das razões mais recentes sendo o apoio do Chile à Inglaterra na Guerra das Malvinas, em 1982 —, estilos distintos de fazer negócio, culturas diversas e sensíveis diferenças na língua.

Em 2010, ao distribuir conteúdo esportivo por SMS para os países hispânicos, a Movile estabeleceu uma base na Venezuela para a produção de textos, olhando somente os baixos custos. "Eles geravam informações sobre beisebol maravilhosamente bem. Só que o conteúdo de futebol (esporte menos popular no país) era uma tragédia. Os mexicanos reclamavam muito", recorda Eduardo. Pulverizar a redação de textos em diferentes nações deixaria a operação mais complexa e clara. Mas não havia outra saída, e teve de ser feito.

Outro aprendizado veio no México. A ideia de enviar um *country manager* da matriz deu errado. "É um país guiado por networking. As pessoas fazem primeiro amigos para depois fazer negócio entre amigos. Contratar um executivo local é muito melhor."

Além das diferenças culturais, vale prestar atenção ao estágio do avanço da tecnologia. Dependendo do país que se visita hoje, o tempo parece ter avançado ou retrocedido dez anos em relação ao Brasil.

Não é difícil imaginar em qual dos casos se enquadra a China. Um episódio curioso foi a visita dos fundadores do Nubank à superpotência asiática em 2018. David Vélez, Cristina Junqueira e Edward Wible levaram na mala, como brinde, dezenas dos porta-cartões de borracha com o logo do Nubank, feitos para serem colados na capinha do celular.

Ao chegar lá, notaram que, nos grandes centros do país, cartões se tornaram tão ultrapassados quanto fichas telefônicas, pois os pagamentos eram feitos nos smartphones, por QR code ou reconhecimento facial. David olhou para o pacote com brindes a serem distribuídos em uma reunião e percebeu que passaria um atestado de atraso. "Vamos esconder isso, pelo amor de Deus", disse aos sócios.

Em 2017, o Nubank criou um *hub* de tecnologia em Berlim, na Alemanha. Outros unicórnios têm feito a mesma coisa: criado escritórios de engenharia em países de Primeiro Mundo como forma de aproveitar a mão de obra especializada disponível por lá e escassa por aqui, além de oferecer a experiência para funcionários brasileiros de morar na Europa. A Loggi se valeu de algo semelhante ao abrir um endereço em Portugal.

Trata-se apenas de escritórios de engenharia, já que a fintech não tem planos, nem próximos nem distantes, de buscar a clientela além. O foco são países com contingentes expressivos de cidadãos desbancarizados, e, por essa razão, a internacionalização estreou no México e na Argentina.

Nesses dois países, a fintech se apresenta como veio ao mundo: é chamada apenas de Nu.

16
Sexy sem ser vulgar: como conquistar um investidor

*Softbank, Innova Capital,
Valor Capital, Kaszek Ventures,
Black Rocks, 100 Open Startups*

"OLHA LÁ O PAULO VERAS!", alerta um rapaz para outro na área externa do Octavio Café, na avenida Faria Lima, apontando com a sobrancelha o fundador da 99 em uma manhã de quarta-feira. No logradouro-símbolo do capitalismo brasileiro, os criadores de unicórnios que vêm e que passam atraem o olhar de aspirantes a empreender e a crescer na vida executiva. São as celebridades hollywoodianas do pedaço. Pela mesma Faria Lima e suas vicinais há ainda os indivíduos em outro patamar, o das supercelebridades. De rostos um pouco menos expostos em reportagens, mas conhecidos por quem entende do assunto, são os responsáveis pelos poderosos fundos de investimento. Em outras palavras, os donos da grana, que têm nas mãos os sapatinhos de cristal capazes de mudar o status de um empreendimento.

Em um dos prédios da avenida fica a equipe brasileira do Softbank, investidor japonês que, no mundo do capital de risco, se tornou o maior sinônimo tanto do capital quanto do risco. O Softbank surgiu como empresa de distribuição de softwares em 1981 e se transformou no grande investidor mundial de negócios de tecnologia. Seu fundador, Masayoshi Son, é hoje o segundo homem mais rico do Japão. Ele captou 100 bilhões de dólares em um fundo lançado em 2017 para injetar em negócios inovadores, um motor de crescimento rápido de start-ups de diferentes áreas. A turma que coloca dinheiro em suas mãos é gente zilionária que deseja ganhos muito superiores ao do mercado financeiro. Quem contribui com a astronômica soma de 45 bilhões de dólares é o controverso príncipe Mohammed bin Salman, da Arábia Saudita. Por um lado, é considerado um modernizador do país graças a medidas como derrubar a proibição para que mulheres dirijam. Por outro, é suspeito de ligação no assassinato do jornalista Jamal Khashoggi, que publicava reportagens contrárias a seu regime.

Os passos do Softbank são também um ótimo termômetro desse universo das altas apostas. Ele tem forte participação em sucessos como o Alibaba, mas é posto em xeque pelos investimentos na Uber, gigante da mobilidade que suscita desconfiança sobre seu futuro, e em especial na rede de compartilhamento de escritórios WeWork, cujo valor de mercado despencou após a tentativa de um IPO.

Este último caso foi o maior terremoto já registrado no mundo dos unicórnios. Para lançar suas ações, a regra é fazer um striptease das próprias contas e divulgar uma série de outros dados sobre a operação. Quando o WeWork fez isso, um volume surpreendente de ineficiências e prejuízos veio à tona, fora algumas situações insólitas, como a empresa pagar aluguel para imóveis de propriedade do próprio CEO Adam Neumann, em um indício forte de que o fundador estava mais preocupado em resguardar o próprio bolso que em proteger a saúde da companhia. Antes avaliado em 47 bilhões de dólares, o WeWork passou a ser cotado na casa de 10 bilhões de dólares. Como maior investidor do negócio, o Softbank interveio para evitar a quebradeira. Ampliou sua participação, afastou Adam, assumiu o controle da operação e deixou o IPO para quando as coisas estivessem mais calmas.

No Brasil, a chegada do Softbank provocou uma revolução no mercado. Loggi, Gympass e QuintoAndar se tornaram unicórnios ao receber rodadas de investimento lideradas pelo fundo. Em 2019, foi anunciada a criação do Latin America Fund, no valor de 5 bilhões de dólares, para aplicar nos países da região. André Maciel é o principal nome do escritório brasileiro. Depois de quase dezessete anos no JP Morgan, ele foi cofundador do 30 Knots Capital, fundo dedicado a companhias de alto crescimento, que acabou incorporado pelo Softbank em menos de um ano. A chegada foi recebida com alvoroço entre empreendedores. A página de André no LinkedIn acumula mais de 3 mil solicitações de conexão não respondidas. Ele já foi abordado no aeroporto, em festas e outras situações. "Vem de tudo. Teve um cara que queria revolucionar a pesca do tucunaré na Amazônia e outras pessoas com ideias mais interessantes, como lançar satélites de maneira mais eficiente."

André e outros trinta profissionais do Softbank em São Paulo se reúnem de tempos em tempos em um comitê para decidir investir ou não em determinados negócios. Funciona assim: algum dos sócios apresenta uma start-up candidata a investimento, depois de já ter mandado um dossiê detalhado para todos, com dados levantados durante a fase de namoro com a empresa, na qual ela expõe seus custos, margens e projeções diante das consultorias contratadas.

Todos os presentes no encontro precisam ter feito a lição de casa e devem levantar questões. "Pode fazer a pergunta que quiser, menos coisa estúpida. Ninguém joga tomate, é tudo gente fina, mas você não quer fazer uma pergunta despreparada e ouvir: 'Olha a página 6'. Fica uma vergonha", explica André. Ao final dessa reunião, há uma votação on-line da qual participam todos os presentes, com três opções: investir, pular fora ou colher mais dados para decidir depois. Os votos são anônimos, de modo que todos fiquem mais "à vontade" para dar seu parecer. Depois a discussão segue para o comitê apenas com sócios, que carimbarão as apostas a serem feitas.

Até a primeira quinzena de 2020, cerca de trezentos negócios haviam sido avaliados. Apenas quinze, ou cinco por cento do total, receberam investimento. Está na conta do fundo que parte dos negócios apoiados pode simplesmente quebrar no meio do caminho, pois é algo inerente ao *venture capital* e faz parte de uma estratégia até certo ponto bem-sucedida, em que o volume dos acertos compensa os erros. "Daqui a alguns anos, haverá companhias em que a gente investiu e errou, e vão existir as companhias em que a gente não investiu [e cresceram muito]. Acho que a dor vai ser igualmente grande."

O Softbank investe em start-ups com alguma maturidade, buscando aquelas que têm fôlego para dar saltos maiores de escalabilidade e se tornarem protagonistas. As diligências costumam demorar cerca de seis meses. Uma exceção foi o banco Inter. Como já tinha ações na Bolsa, os dados estavam mastigados, e foi possível fechar o acordo em um bimestre.

Como as empreitadas já têm certa estatura, os números costumam falar alto, ainda que não falem sozinhos. Nas fases anteriores, como disse Hernan Kazah, há momentos em que a aposta é "mais arte que ciência", pois há uma dose de subjetividade na mesa, em especial em relação ao potencial presumido do empreendedor. Mas como ser atraente aos olhos desses avaliadores?

A seguir, representantes de entidades de diferentes tamanhos e características dizem o que causa interesse e repulsa na hora de busca por capital. Três estão entre os principais investidores dos unicórnios: Michael Nicklas, do Valor Capital, Santiago Fossatti, da Kaszek Ventures, Verônica Allende Serra, do Innova Capital. E dois ajudam start-ups em estágio inicial a levantar voo: Maitê Lourenço, da aceleradora Black Rocks, dedicada a negócios fundados ou comandados por empreendedores negros, e Bruno Rondani, da 100 Open Startups, plataforma que conecta start-ups a empresas e investidores-anjo.

Suas observações para donos de negócios iniciantes confirmam, em grande parte, os acertos e os erros das empresas descritos nos capítulos anteriores.

PITCH CONCISO E CONSISTENTE

Maitê — Faça uma apresentação de quinze até no máximo vinte slides, se possível. "É fundamental ser conciso no *pitch deck*. O empreendedor deve saber explicar bem a proposta de negócio em três minutos, se necessário. Ao mesmo tempo, deve ter conhecimento e boas informações na manga para responder às perguntas que surgirão.

BOA ORATÓRIA

Michael — Adoro esses nerds que são super-reservados e ao mesmo tempo possuem um QI fora da curva. Mas um cara assim precisa ter um bom vendedor ao seu lado. A capacidade de narrativa e de vender pesa muito. Uma das coisas que aprendi é que preciso pensar: quando chegar a hora da segunda rodada, consigo pôr esse empreendedor na frente de outros investidores? Será que ele vai conseguir ser convincente? Por isso, valorizo quem sabe fazer uma boa apresentação.

SANGUE NO OLHO

Santiago — Existem muitos estilos distintos de empreendedores extraordinários, mas em comum eles têm o tesão, um *eye of the tiger* [sangue no olho] muito forte, quase um chamado para criar aquele negócio. Isso fará deles pessoas mais resilientes para aguentar o que vem pela frente na maratona. As histórias de sucesso são muito duras. Imagine as de fracasso.

PROFUNDIDADE

Michael — Se eu conheço o mercado do empreendedor melhor do que ele próprio, se faço três perguntas básicas e ele não sabe responder, isso já é um problema. Muitos chegam com a conversa fechadinha: "Olha o tamanho do mercado. Se a gente conquistar um por cento...". Isso é uma narrativa tão cansativa! Tentamos tirar os empreendedores desse caminho fácil, jogar uns desafios para ver se conseguem raciocinar com a gente em tempo real, saber dizer quem são os competidores. É preciso estar bem preparado.

Maitê — Algo que irrita é apresentar o negócio como uma coisa absolutamente sem concorrência. Muito melhor quem tem a consciência de que ela existe e busca seu diferencial. É preciso enxergar o mercado de forma ampla e entender que a competição nem sempre vem de lugares óbvios. Quem imaginaria, tempos atrás, que o Itaú investiria em bicicleta? Já vi start-ups que se apresentavam como únicas, até que do dia para a noite o Google passou a oferecer o mesmo serviço.

BOA REPUTAÇÃO

Verônica — A diligência mais importante que você faz quando a empresa está incipiente é no empreendedor. Embora a ideia e o plano sejam importantes, o timing seja chave, os termos de investimento sejam relevantes, o que vale é se quem está por trás vai conseguir fazer acontecer, executar. Se é alguém com princípios, se os interesses estão alinhados, se sabe gerir um time e inspirá-lo, se sabe ouvir, se tem resiliência para lidar com problemas, se sabe pedir ajuda. Então tudo começa por "com quem" você fará uma parceria. Se você olha somente "o que", pode acabar caindo no conto de gente que vende uma ideia ou um produto muito bem, olhando somente as referências de empresas parecidas lá fora que fizeram bastante sucesso e esquecendo que sem execução, alinhamento, transparência e muita ralação os riscos crescem em progressão geométrica. A capacidade de avaliar pessoas vem antes da capacidade de avaliar o investimento em si.

O PRIMEIRO TIME

Santiago — Olhamos para a capacidade de liderança do fundador. Empreendedor é um ser quase irracional, deixa para trás um salário fixo em boas empresas para criar algo do zero e consegue convencer muitas pessoas a serem irracionais junto com ele. Então analisamos: quem está com o fundador, quem ele trouxe? É um amigo do colégio que nunca fez nada de relevante ou alguém que tinha uma carreira muito boa e está apostando na ideia?

Por exemplo: foi muito óbvio investir no Nubank. O David Vélez, além de ter um ótimo perfil, montou um time de pessoas muito fortes, como a Cristina Junqueira, que internalizaram desde o princípio a excelência, a ideia de fazer uma plataforma muito melhor do que qualquer outra coisa que exista no mercado.

Michael — Existem umas teses de que os primeiros quinze, vinte empregados determinam a cultura, o DNA da empresa. Então, tem que ser marqueteiro, ter a capacidade da narrativa, trazer as pessoas para criar a solução junto com você.

SABER OUVIR

Verônica — O primeiro grande diferencial de uma empresa é o de gente. Existem negócios que estão indo bem, com boas receitas, mas percalços sempre acontecerão. Por isso, precisamos de um empreendedor que saiba escutar, que tenha diálogo. Já disse para o Fabricio (Bloisi, CEO da Movile) em reuniões: "Você precisa trazer mais gente boa. É importante ter um braço esquerdo, não só o direito". E ele reage muito rápido. Em uma semana, já tem um headhunter, está mandando os nomes. É alguém que faz acontecer. Isso é muito bom, dá muita confiança. É melhor do que alguém que fala "estou fazendo", que trabalha no gerúndio e a coisa nunca acontece.

Michael — Não temos problema com ego, porque o empreendedor tem de ter um *reality distortion field* [campo de distorção da realidade, no sentido de não se importar com limitações aparentes], precisa acreditar que vai conseguir fazer. Se você é muito realista, nunca vai conseguir montar uma start-up. Então a gente gosta disso por um lado, porque o cara tem que ser meio doido mesmo. Por outro lado, o que balanceia isso, de certa forma, é a curiosidade sobre o que os outros falam. A gente quer ver se joga uma provocação e a pessoa consegue se engajar, pensar e mudar de opinião. Queremos alguém superconfiante e resiliente, mas que tenha uma curiosidade aberta, que o ego não fecha opiniões. Queremos ver alguém que vai trazer informação de qualquer lugar e absorver aquilo de maneira útil.

FOCO
Verônica — Tem um empreendedor que eu adoro e fez uma empresa grande. No começo do projeto, quando me procurou, estava dividido com outras duas ideias. Não consigo apoiar alguém sabendo que ele está dividindo o tempo. Já é difícil tocar um negócio, imagina tocar três. Escolhe qual você quer e a gente conversa.

TRANSPARÊNCIA
Verônica — A coisa que mais me irrita é enrolação, pessoas que não falam a verdade, tentam mostrar as coisas maiores e melhores do que são, ou dizem ter alguma coisa que não têm. Ser um pouco vendedor, o.k., mas é muito importante estabelecer uma relação de confiança. O que me ganha em um empreendedor é quando ele abre os problemas, fala quais são os desafios, inclusive para nós, investidores, entendermos como poderemos ajudar a empresa, definir uma estratégia em conjunto. Ele pode dizer assim: "Olha, o meu produto é fantástico, mas eu não consigo vender, porque não tenho acesso ao CEO de tais empresas". Isso é fácil, eu ajudo a chegar ao CEO. Não existe nada mais valioso que uma conversa honesta e transparente. A relação

entre o fundo e a empresa é um casamento, e a verdade sempre aparece.

Bruno — Dizer que vai revolucionar o mercado disso ou daquilo é menos convincente do que mostrar por A mais B que tem um bom negócio nas mãos e por que você será capaz de fazê-lo bem. Esse ingrediente de realidade é importante. Apresentar o que muda no negócio se aquele investidor entrar e como vai tocar o projeto se ele não estiver.

SEM DESLUMBRAMENTO

Verônica — Acende sim uma luz vermelha se a pessoa começa a ter gastos exagerados ou ego inflado demais. Se quer muito aparecer em entrevistas, em redes sociais ou em eventos e começa a se achar uma celebridade. Isso de o empreendedor querer aparecer mais que o produto ou serviço da empresa é um perigo.

Tem também empreendedor que está fazendo o negócio rápido para vender e poder gastar. Isso é fácil tentar entender por meio de uma conversa. Quem admira e por quê, quais são os seus valores, por que está fazendo o que faz. Quem só fala em dinheiro, no *valuation* da empresa, e não consegue sair disso, preocupa.

POSTURA

Bruno — Muitos dos "anjos" são empresários que construíram seu patrimônio com bastante suor e estão de olho em negócios promissores. Um jeito quase certo de perdê-los é demonstrar arrogância, desdém e usar expressões como "decide logo" no processo de namoro. Se for fazer doce com investidor, melhor nem começar. A má fama se espalha e o dono da start-up se queima. Tudo bem que existe muito mais dinheiro disponível hoje, mas ainda é o empreendedor que precisa conquistar o investidor.

INTEGRIDADE
Bruno — Tem empreendedor que faz leilão, pega a proposta de um investidor e usa para negociar com outro. Pode acabar ficando sem nada. Da mesma forma, há quem está com o caixa zerado, contas atrasadas e finge ter várias propostas para forçar o parceiro a fechar logo o negócio. Esse desespero dificilmente dá certo, vira uma trapalhada enorme.

FOCO NO PROBLEMA
Michael — O que mais buscamos em uma start-up é que ela resolva um grande problema. Qual o tamanho dele e quem vai pagar para você solucionar essa dor? No caso da CargoX [plataforma que conecta caminhoneiros a empresários que precisam enviar uma carga de um ponto a outro], por exemplo, você tem os caminhoneiros que andavam na rodovia, paravam nos postos de gasolina e havia ali a lista de fretes anotados à mão; eles precisavam procurar de posto em posto para achar trabalho. Ou seja, superineficiente, totalmente off-line. Esse era um problema solucionado com uma ferramenta para smartphone.

Ao validar o problema que a start-up se propõe a resolver, procuramos conversar com quem vai consumir o produto e ver o grau de atratividade da solução. Quando investimos no Gympass, eles estavam passando para o modelo B2B. Grupos de RH falavam: "Nossa, se tiver essa oferta vai ser superlegal!".

17
Olhando para as estrelas

Movile

> — *Sabe que eu também sempre achei que unicórnios eram monstros fabulosos? Nunca tinha visto um vivo antes.*
> — *Bem, agora que já vimos um ao outro — disse o Unicórnio —, se acreditar em mim, vou acreditar em você* [...].
>
> Lewis Carroll, *Alice através do espelho**

INÚMERAS GARRAFAS DE CHAMPANHE se espalham pela sede da Movile, entre mesas e estantes, com números diversos no rótulo. As abertas se referem a metas já alcançadas — faturamento, número de usuários etc. — e as fechadas simbolizam o que está por vir.

Uma das paredes expõe um mural chamado "Future Wall"

---

* *Alice através do espelho*. Trad. Marcia Soares Guimarães. Belo Horizonte: Autêntica, 2017.

(parede do futuro), onde se lê "Sonhe grande". Nele, há aspirações pessoais e profissionais de funcionários: "Fazer um mochilão sozinha na Europa até 2020", "Ser a primeira CEO de uma das empresas do grupo até dezembro de 2023", "Ser fluente em inglês até dezembro de 2022", "Cursar meu MBA até dezembro de 2020".

Em outubro de 2015, o então CEO Fabricio Bloisi, hoje presidente do conselho da Movile e CEO do iFood, escreveu o próprio desejo no mural, sob a foto de uma nave entre as estrelas: "Viajar ao espaço até dezembro de 2023".

Viagens espaciais povoam a imaginação de Fabricio Bloisi desde a infância, em Salvador. Era um desses garotos cheios de brinquedos temáticos, que desenhava repetidas vezes as naves de filmes como *Guerra nas estrelas*. Em alguns dos filmes recentes da história de Luke Skywalker, fechou cinemas em São Paulo e Campinas para funcionários. "Foram umas mil pessoas, todo mundo vestido de Jedi."

No final de 2019, quando o entrevistei na sede do iFood, ele acompanhava com ansiedade a evolução dos projetos de turismo espacial dos empresários Jeff Bezos, da Amazon, Elon Musk, da Tesla, e Richard Branson, da Virgin. Assistia às transmissões ao vivo dos testes na internet com o mesmo entusiasmo com que vê filmes como *Perdido em Marte* e *Gravidade*.

O mais provável é que viaje pela empresa Blue Origin, de Bezos. O foguete *New Shepard*, de aproximadamente dezoito metros de altura, subirá a cem quilômetros da superfície terrestre, até se soltar de uma cápsula de quinze metros cúbicos de espaço interno, com capacidade para seis pessoas, cada uma posicionada em frente a uma janela com ampla visão. Lá no alto, será possível desprender os cintos e experimentar a gravidade zero. A aventura terminará com o pouso da cápsula no

Texas. O custo deve ficar em torno de 250 mil dólares por passageiro. "A minha viagem para o espaço não só vai acontecer, provavelmente nos próximos dezoito meses, como eu estou pensando já nas próximas. Não vamos só dar uma passadinha no espaço, quem sabe ir para a Lua", disse em junho de 2020.

Uma aspiração à altura de quem se acostumou a sonhar alto desde sempre — e a realizar esses sonhos passo a passo.

Meses atrás, Fabricio vasculhou suas gavetas a fim de construir uma linha do tempo de sua vida para a Young Presidents' Organization, associação internacional de CEOs da qual é membro. Encontrou um baú empoeirado, com agendas antigas de vários anos. Desde que leu *O sucesso não ocorre por acaso*, baluarte da autoajuda de Lair Ribeiro, por volta dos dezesseis anos de idade, passou a tomar nota de metas para sua vida em curto, médio e longo prazo. As mais imediatas: ter um computador, juntar seiscentos dólares e na maioridade buscar uma amiga na casa dela "em um carro com ar-condicionado" para um passeio. Nos estudos, ser aprovado em determinados vestibulares — conseguiu passar no ITA, na UFBA, na Universidade Católica de Salvador (Ucsal) e na Unicamp, que escolheu para cursar ciência da computação. Ter um helicóptero era uma meta para vinte anos, e foi conquistada dentro do prazo. Hoje ele é piloto licenciado e possui a cota de uma aeronave. "Em cinquenta anos quero ser honesto e percebido como alguém honesto", também anotou, no mesmo caderno.

A cada ano novo, Fabricio renova sua lista de objetivos e sonhos. Já esteve em eventos ao lado de ídolos como Bill Gates, fundador da Microsoft, e o guru de gestão Jim Collins, e se tornou não apenas um interlocutor frequente, mas sócio de Jorge Paulo Lemann.

Impressionar Lemann nunca é tarefa muito fácil. Em certo encontro, mostrou ao mestre números espetaculares de crescimento do iFood. Ouviu de volta: "E os indicadores da saúde, como estão?". Na época, Fabricio estava acima do peso. Passou a ter uma rotina de exercícios e alimentação saudável, que lhe fizeram eliminar vinte quilos. Estava mais acostumado a suar a camisa de forma não literal: fez um mestrado na FGV e recentemente estudou mandarim por meses, de olho na guinada inovadora da China, onde o aplicativo Playkids já está presente.

Ao estudar nas universidades Harvard e Stanford, calibrou para cima suas expectativas pelo que os brasileiros podem fazer. Como outros empreendedores que passaram por lá, ele repete o efeito de pisar no mesmo chão de gente por trás da revolução feita por companhias gigantescas. "Lá as pessoas estão perto do Bill Gates, do Mark Zuckerberg, e passam a acreditar que é possível criar uma empresa de 100 bilhões de dólares. No Brasil, isso parece muito distante. Mas, quando conheci gente que está lá, percebi: 'Poxa, elas são muito boas, assim como os meus colegas da Unicamp, assim como um monte de gente que está nas melhores escolas do Brasil'."

O cifrão na frase acima não foi citado por acaso. O sonho grande é chegar a um valor de mercado de 100 bilhões de dólares e que impacte 1 bilhão de pessoas. "O empreendedor superestima o que pode fazer em um ano, mas subestima o que é capaz de fazer em dez", diz. Sonhar serve de anestésico e de combustível diante das inevitáveis dificuldades no caminho.

> Não acredito apenas no sonho. Acredito que você tem de curtir a jornada, e a jornada tem momentos difíceis, duros, nos quais você sofre um monte. A questão não é quanta energia você tem, é como você se regenera. Resiliência não é a capacidade de manter e não desviar, é de conseguir recarregar de alguma forma. E sonhos são uma forma de recarga. Tenho metas ambiciosas, coisas pelas

quais tenho paixão e tesão, então, se as coisas dão errado hoje, vou dormir, amanhã acordo e falo: "Beleza, hoje as coisas vão dar certo". O tempo todo dá coisa errada. Nos primeiros anos, o problema é que eu podia quebrar, e quase quebrei. Hoje o problema é que às vezes a gente comete um erro e perde 20 milhões de reais, é foda, fica deprimido uns três, quatro dias, mas depois faz melhor.

No início de 2020, o clube dos unicórnios brasileiros ganhou mais dois membros. Fundada em 2011 pelos irmãos Arthur e Victor Lazarte, a WildLife Studios produz jogos para celular que fazem sucesso no mundo todo.

A Loft, que reforma e vende imóveis residenciais, foi criada em São Paulo pelo alemão Florian Hagenbuch e pelo húngaro Mate Pencz. Tornou-se, de longe, a start-up brasileira a atingir com mais rapidez a valorização bilionária — dezesseis meses. Curiosidade: a sede fica no mesmo prédio da rua Augusta que a Arco Educação.

O grupo dos unicórnios nacionais ainda não tinha uma representante de áreas importantes no país, como saúde e tecnologia agrícola. Não faltam, porém, empreendedores dispostos à jornada nesses e outros setores. Por todo canto do país, ecossistemas locais se formam, boa parte com nomes que, muitas vezes, brincam com o vale do Silício.

Em Curitiba, a prefeitura instituiu o "Vale do Pinhão", mas o apelido Guadalupe Valley, dos arredores da Nossa Senhora de Guadalupe e do Terminal Metropolitano Guadalupe, é que virou referência. (Além de abrigar o Ebanx, tem grandes como a Olist e a MadeiraMadeira. Há até grupos de WhatsApp ligando alguns departamentos das companhias.)

Em Fortaleza, há o Rapadura Valley.

Em Maceió, o Sururu Valley.

Em Belém, o Açaí Valley.

Em Natal, o Jerimum Valley.
Em Teresina, o Cajuína Valley.
Em Porto Velho, o Tambaqui Valley.
Em Bauru, o Sandwich Valley.
Em Joinville, o Join.valle.
Em Salvador, o All Saints Bay (Baía de Todos os Santos).
No interior do Paraná, o Red Foot (pé vermelho).
Em Uberlândia, o UberHub.
Entre dezenas de outros, em todas as regiões do Brasil. A estrada até o sucesso para as start-ups desses e muitos outros lugares, seja com ecossistemas mais estabelecidos ou empreendedores isolados, certamente ficou menos inóspita com a passagem dos primeiros unicórnios, que mostraram que pensar alto, ter a disposição para aprender rápido com os próprios erros, se preocupar com a jornada do consumidor e priorizar o que é essencial são os primeiros passos para que o céu seja mesmo o limite.

ENTREVISTADOS

Alphonse Voigt (cofundador e CEO do Ebanx)
André Maciel (*managing partner* no Softbank)
André Penha (cofundador e CTO do QuintoAndar)
Andre Street (cofundador e chairman da Stone)
Ari de Sá Neto (cofundador e CEO da Arco Educação)
Arthur Debert (cofundador e CPO da Loggi)
Augusto Lins (presidente da Stone)
Bruno Rondani (fundador da 100 Open Startups)
Carlos Eduardo Moyses (corporate VP do iFood)
Cristina Junqueira (cofundadora e vice-presidente do Nubank)
Daniel Moreira (diretor-geral da Positivo Soluções Didáticas)
Davi Miyake dos Santos (diretor de operações e produto na 99)
Davi Reis (CTO da Loggi)
David Peixoto (CFO na Arco Educação)

David Vélez (cofundador e CEO do Nubank)
Eduardo Gouveia (fundador e CEO do Laços para Sempre)
Eduardo Lins Henrique (cofundador da Movile e CEO da Wavy)
Erica Jannini (diretora de pessoas no QuintoAndar)
Fabien Mendez (cofundador e CEO da Loggi)
Fabricio Bloisi (cofundador e presidente do conselho da Movile e CEO do iFood)
Felipe Fioravante (cofundador do iFood)
Gabriel Braga (cofundador e CEO do QuintoAndar)
Hernan Kazah (cofundador do Mercado Livre e da Kaszek Ventures)
Igor Piquet (diretor de apoio a empreendedores na Endeavor)
Isaac Jucá (gerente-executivo de marketing no SAS)
Jacques Marcovitch (ex-reitor da USP, especialista em empreendedorismo brasileiro)
João del Valle (cofundador e COO no Ebanx)
João Thayro (cofundador do Gympass)
Juliana Fiuza (headhunter especializada em inovação)
Leandro Caldeira (CEO do Gympass no Brasil)
Livia Kuga (responsável pelo Recruta, na Stone)
Luciana Carvalho (vice-presidente de pessoas e performance na Movile)
Maíra Ary Wandscheer (gerente de Gente e Gestão na Arco Educação)
Maitê Lourenço (fundadora da Black Rocks)
Marcelo Sartori (diretor de Recursos Humanos)
Moacyr Pereira (head de engenharia no QuintoAndar)
Monique Oliveira (cofundadora da Movile e da aceleradora 21212)
Oto de Sá Cavalcante (cofundador do Colégio Ari de Sá e da Arco Educação)

ENTREVISTADOS

Patrick Hruby (CEO da Movile)
Paulo Veras (cofundador da 99)
Rafael Duton (cofundador da Movile e da aceleradora 21212)
Renato Freitas (cofundador da 99)
Robson Privado (cofundador e Chief Operating Officer da MadeiraMadeira)
Santiago Fossatti (sócio na Kaszek Ventures)
Sergio Furio (fundador e CEO da Creditas)
Verônica Allende Serra (fundadora da Innova Capital)
Vitor Olivier (vice-presidente de Consumo no Nubank)
Wagner Ruiz (cofundador e CFO no Ebanx)

Entre muitos outros ex-funcionários e colaboradores que concederam entrevistas de forma anônima, além de motofretistas e donos de estabelecimentos, como restaurantes e escolas, parceiros dos unicórnios.

AGRADECIMENTOS

Conhecer de perto alguns dos empreendedores e profissionais mais inovadores do país, na missão de construir este livro, foi uma experiência transformadora. Meu primeiro agradecimento vai para eles, que abriram as portas de suas empresas, se sentaram para entrevistas, me recomendaram leituras e vídeos, expuseram seus fracassos, aflições e contradições.

Em seguida, agradeço às dezenas de outros funcionários e parceiros que — em geral sob anonimato, e por isso não nomeados nesta história da qual fazem parte — me contaram bastidores que ajudaram a traçar contornos reais para histórias que vão muito além do conto de fadas.

A escritora Cristiane Correa, autora de livros que fazem a cabeça de muitas dessas empresas (e também a minha), foi de uma generosidade imensa desde o início do projeto, quando me incentivou, compartilhou ótimas lições e fez a ponte com Matinas Suzuki Jr., Otávio Marques da Costa e Fernanda Pantoja, aos quais agradeço muito. Tive ainda o privilégio dos aconselhamentos do grande best-seller Augusto Cury, preciso em suas observações. Luiza Helena Trajano, André Lahóz, Marcelo Nakagawa e Thomaz Srougi também merecem um agradecimento especial.

No papel de leitor, acho tão elegante quem é conciso nos agradecimentos! Mas não vai ser desta vez. Se há algo que aprendi nesse processo é que um livro não precisa ser um trabalho solitário, e este passou longe disso. Em momentos distintos, fizeram parte dele Diógenes Campanha, Juliana Oliveira Campanha, Lívia Deorsola, Thais Ferrite Ramos, Sabine Righetti e os demais amigos da Unesp; Leandro Nomura, João Batista Jr., Marcelo Sakate, Marcela Guimarães, Tiago Faria, Daniela Flor, Ricardo Balles; Walter Moreira Neto, Ítalo Santana, Raphael Donato, Felipe Sartori e os demais colegas do MBA da FIA; e profissionais como Bruno Stankevicious, Olívia Nercessian, Jennifer Queen, Leandro Simões, Estelita Hass, Jose Sergio Osse, Manuela Cherobim, Tatiana Sendin, Daniela Bertocchi, Camila Fusco e outros. Entre tantos colegas fantásticos acima, abaixo e ao lado na hierarquia, com os quais tanto aprendi durante anos em redações, agradeço em especial a Rodrigo Pascoalino, Eliane Trindade, Denise Crispim, Noely Campanha, Seu Xororó, que me estenderam a mão em momentos-chave do início da carreira. Dedico também este livro às irmãs Débora Bergamasco, parceiraça, e Natália Bergamasco, parceirinha, e aos sobrinhos Marília Bergamasco Gomes e Felipe Cestarolli Morato; aos meus pais Rosana Palmieri e Lilão Bergamasco; às incentivadoras da leitura Iolanda, Zilca, Vitória e Meire.

E, sobretudo, para a Alê: você foi mais que uma grande companheira na jornada, que uma editora implacável e que a inspiração para seguir em frente nos dias difíceis. Foi mesmo a razão de tudo, do começo ao fim.

CRÉDITOS DAS IMAGENS

pp. 1 e 16: Antonio Milena/ Abril Comunicações S.A.
pp. 2 e 3: Divulgação/ Nubank
pp. 4 e 5 (acima, ao centro): Divulgação/ Movile
pp. 5 (abaixo), 10 (abaixo) e 11 (abaixo): Daniel Bergamasco
p. 6: QuintoAndar
p. 7: Keiny Andrade/ Divulgação/ QuintoAndar
p. 8 (acima): Fernanda Araujo/ Divulgação/ 99
p. 8 (abaixo): Tânia Rêgo/ Agência Brasil
p. 9: Acervo pessoal Paulo Veras
p. 10 (acima): Libby Greene/ Divulgação/ Arco Educação
p. 11 (acima): Divulgação/ Stone
p. 12 (acima): Daniela Toviansky/ Abril Comunicações S.A.
p. 12 (abaixo): Divulgação/ iFood
p. 13: Divulgação/ Ebanx
p. 14 (acima, abaixo à esquerda): Paulo Vitale
p. 14 (abaixo à direita): Divulgação/ Innova Capital
p. 15 (acima): Divulgação/ Kaszek
p. 15 (ao centro): Lucas Hirai/ Divulgação/ Black Rocks
p. 15 (abaixo): Divulgação/ 100 Open Startups

ÍNDICE REMISSIVO

100 Open Startups, 192
21212 (aceleradora de start-ups), 103
99 Taxis, 12-3, 18, 47, 83-90, 112, 136, 166-77, 188; origem do nome, 85

Açaí Valley, 203
Africa, agência de publicidade, 86
Airbnb, 21, 26
Alemanha, 11
Alibaba, 12, 56, 154, 175, 189
Alice através do espelho (Carroll), 199
All Saints Bay, 204
Ambev, 37
anjos, 29, 30, 42, 58, 173, 197
Ant Financial, 154
Apple, 81
Arco Educação, 13, 18, 74-82, 134, 136, 143-53; IPO, 143-53; origem do nome, 82
Argentina, 186

Ari de Sá Cavalcante, colégio, 76, 80, 144
Arpex Capital, 126, 156, 163
Astropay, 51
atentados de 11 de setembro, 97

B2B *versus* B2C, 44
B2W, 163
Baer, Eduardo, 108
Bal, grupo mexicano, 182
Baltimore, 155
Barros, Daniel, 81
Berkshire Hathaway, 154
Bernardinho, 124-5
Bezos, Jeff, 200
Black Rocks, 192
Blazoudakis, Andreas, 35, 93
blitzscaling, 14
Bloisi, Fabricio, 36, 91-4, 98, 101, 117, 119, 195, 200

Blue Origin, 200
Bodytech, 47
Bonifácio, Guilherme, 108
Boston Consulting Group, 62, 179
Botafogo (time de futebol), 86
Braga, Gabriel, 22-3, 25, 27-31
Brandão, Lázaro, 71
Branson, Richard, 200
Braspag, 163
Brex, 163
Bronfman Jr., Edgar, 55
Buffet, Warren, 154

Cajuína Valley, 204
Caldeira, Leandro, 47, 133, 181
Calegaretti, Emerson, 109, 111
Calvino, Italo, 82
Campinas, SP, 27, 92, 99
Campos, Eduardo Brennand, 42
Canal Desenho, 36
Canto da Fé, 38
Carandiru (filme), 57
CargoX, 198
Carrasco, Walcyr, 117
Carvalho, Cesar, 40-6, 184
Carvalho, Luciana, 139-40
Casas Bahia, 131
Casas Pernambucanas, 179
Castro, Caio, 116
Catioro Reflexivo (página no Facebook), 70
Cavalcante, Ari de Sá, 75
Cavalcante, Maria Hildete, 75
Cavalcante, Oto de Sá, 75-7, 80, 145
Cavalcante, Tales, 75-6, 143
Chesky, Brian, 21
Chile, 186
China, 11, 186, 202

cidades invisíveis, As (Calvino), 82
Cielo, 163
Claro, 35, 98
Claro Minha TV, 35
Collins, Jim, 130, 201
Colômbia, 60
Colombo, Cristóvão, 32
Comissão de Valores Mobiliários, 147
Como fazer amigos e influenciar pessoas (Carnegie), 160
Companhia Athletica, 45
Compera, 91, 102
consenso, busca por, 53
Constantino, Leonardo, 97, 101
Cordovil, Hervé, 151
Corinthians, 89
Coroas para Velório, 38
Correa, Cristiane, 160
Coughran, Bill, 62
Covid-19, pandemia, 11, 15, 39, 47, 57, 117-8
Cowboy Ventures, 12
Creditas, 179
CrunchBase, 11
Cubo, 131, 185
Cunha, João, 79, 145, 149
Curitiba, PR, 49, 54, 56

Dafiti, 57
Debert, Arthur, 57-8
del Valle, João, 51-3, 176
Desafio no gelo, filme, 124
Design School of Stanford, 26
Deutsche Bank, 179
Didi Chuxing, 13, 167, 170, 172, 174
Disk Cook, 108
Divinópolis, MG, 23

ÍNDICE REMISSIVO

dona do pedaço, A, novela, 116
Dr. Consulta, 68
DST Global, 71
Dubugras, Henrique, 163
Duton, Rafael, 91, 93, 96, 98, 103

Easy Taxi, 83-4, 166
Ebah, 84
Ebanx, 9, 19, 51-6, 136, 175, 203
Eberhardt, Patrick, 108
Economist, The, 27
Empresas feitas para vencer (Collins), 127, 130
Endeavor, 33, 55, 84, 89
Entrega Delivery, 111
Ernst & Young, 76
Escola Politécnica da USP, 83
Escola Superior de Propaganda e Marketing (ESPM), 95
espaço de trabalho sem divisões, 78-9
Estados Unidos, 11, 55, 62, 78, 184
Exame, 42

Faap, 57
Facebook, 12, 14, 35, 70, 73, 101
Faculdade de Ciências Sociais e Aplicadas do Paraná (Facet), 139
Faculdade de Economia, Administração e Contabilidade (FEA-USP), 42, 108
Falconi, Vicente, 81
Farias Brito, colégio, 75, 143
Federação das Indústrias do Estado de São Paulo (Fiesp), 159
Fernandez, Peter, 169, 174
Ferriani, Vinícius, 40-1, 43, 45
FGV *ver* Fundação Getúlio Vargas

Fioravante, Felipe, 108-10, 114
Fiuza, Juliana, 136
flexibilidade de horário, 132
Foco (Goleman), 81
Folha de S.Paulo, 144
Forbes, 17, 60, 77, 147, 157
força do querer, A, novela, 104
Fortaleza, CE, 78, 143
Fossatti, Santiago, 192-4
Founders Fund, 71
Fraga, Armínio, 163
França, 58, 183
Franceschi, Pedro, 163
Freitas, Renato, 83-6, 171
Frias, Luiz, 146
FTV Capital, 55, 175
Fundação Estudar, 24
Fundação Getúlio Vargas (FGV), 58, 202
Furio, Sergio, 179

Gagliasso, Bruno, 48
Galinha Pintadinha (animação), 36
Gaspari, Elio, 144
Gates, Bill, 201-2
Gebbia, Joe, 22
General Atlantic, 80, 145, 150
General Eletric, 127
Geraldo "Mineiro", 157
Gerdau, João, 179
Gil, Bela, 113
Gil, Preta, 114
Globo, O, 144
GoJames, 58
Goldfajn, Ilan, 72
Goldman Sachs, 148
Gomes, Tallis, 84
Gonzaga, Luiz, 151

Google, 78, 146
Google Campus, 131
Gouveia, Eduardo, 37-9
Grã-Bretanha, 11
Graham, Paul, 21
Grin, 173
Groupon, 42
Grow Mobility, 173
Grupo Globo, 163
Grupo Silvio Santos, 163
Guadalupe Valley, 203
Guanaes, Nizan, 86
GymAdvisor, 183
Gympass, 10, 15, 19, 40-8, 83, 133, 136, 181-5, 190, 198; no exterior, 181-5

Hagenbuch, Florian, 203
HelloFood, 109, 111
Henrique, Eduardo Lins, 34, 93-4, 98
home office, 138
Hruby, Patrick, 101, 134

Ibmec, 131
iFood, 9, 13, 15, 19, 34-7, 47, 92, 100-1, 107-19, 136, 200, 202; inserida em novela da Globo, 116
Índia, 11
Infosoftware, 95
Inglaterra, 114
Innova Capital, 56, 100, 192
InovaBra Habitat, 131
Insead, 62
Instituto Militar de Engenharia (IME), 80
Instituto Tecnológico de Aeronáutica (ITA), 41, 80

Inter, banco, 191
International School, 77
Iozzi, Monica, 116
Israel, 11
Itaú, 73, 131, 193
Itu, SP, 120

Jafet, Nami, 179
Jannini, Erica, 131-2
Jatene, Adib, 75
Jereissati, Tasso, 76
Jerimum Valley, 204
Jobs, Steve, 26
Join.valle, 204
Jucá, Isaac, 135
Jucás, CE, 75
Junqueira, Cristina, 61-5, 72, 105, 186, 195
Just Eat, 109, 111, 114

Kalanick, Travis, 168
Kalimann, Rafa, 48
Kaszek Ventures, 30, 63, 68, 192
Kazah, Hernan, 68, 191
Khan Academy, 146
Krieger, Mike, 12
Krummenauer, Lauren, 126
Kuga, Lívia, 126-7

Laços Corporativos (depois Laços Para Sempre), 39
Lambrecht, Ariel, 83-6, 171
Latin America Fund, 190
Lazari Jr., Octavio de, 71
Lazarte, Arthur, 203
Lazarte, Victor, 203
Leão, Alex, 36
Lee, Aileen, 12

Lemann, Jorge Paulo, 16, 24, 145, 163, 201
Lemos, Helisson, 131
Leone, Doug, 62
LinkedIn, 137
Lins, Augusto, 158
Lins Henrique, Eduardo, 186
Loft, 203
Loga, 47
Loggi, 10, 16, 18, 47, 56-9, 112, 136-7, 178, 187, 190; Todo Mundo Entrega, 137
Lotobras, 49
Lourenço, Maitê, 192-3
Lundgren, Herman Theodor, 179

Ma, Jack, 176
Maciel, André, 190-1
MadeiraMadeira, 139, 203
Maganhotte Junior, Antonio, 51
Mágico de Oz, O (Baum), 23
Mais esperto que o diabo (Hill), 160
Mamonas Assassinas, 123
marca da vitória, A (Knight), 81
Marcovitch, Jacques, 178
Massachusetts Institute of Technology (MIT), 41, 76
Mastercard, 163
MasterChef, 113
Matarazzo, Francisco, 179
Mendez, Fabien, 57-8, 137
Mercado Livre, 57, 68
México, 181
Miami, 101
Microsoft, 102
mindset, 131, 138
MIT *ver* Massachusetts Institute of Technology

Miyake dos Santos, Davi, 169, 171
Mobile World, 91
Monashees, 83, 172
Montenegro, Fernanda, 80
Moreira, Daniel, 79
Mountain Nazca, 173
Movile, 9, 13, 17-8, 33, 35, 37, 91-105, 110, 117, 131, 134, 136, 138, 140, 172, 195, 199; no exterior, 185
Moyses, Carlos Eduardo, 106-11, 114, 116
Musk, Elon, 200
MyTaxi, 84

Nada Easy (Gomes), 85
Nasdaq, 13, 15, 75, 80, 122, 143-7, 150-4, 157, 165
Naspers, 92, 110, 118
Netshoes, 146
Neumann, Adam, 189
New York Times, 12
Nextel, 108
Nicklas, Michael, 164, 192-3, 195, 198
Nova York, 149-50, 154
NTime, 91, 101-2; origem do nome, 96
Nubank, 9, 15-6, 20, 59-73, 105, 136-8, 172, 178, 186, 195; no exterior, 187; origem do nome, 64

Olist, 203
Oliveira, Monique (Leonardo Constantino), 103
Olivier, Vitor, 67

Paes, Juliana, 116
PagaFácil, 162

Pagar.me, 127, 156, 163
PagSeguro, 13, 146, 163
Paixão por vencer (Welch), 127
Parafuzo, 42
Peixoto, David, 143-9
Pencz, Mate, 203
Peng, Sabrina, 177
Penha, André, 23-31
Pereira Neto, Moacyr, 29
Photo Fun, 34
Piau, Thiago, 125, 155, 157
Piquet, Igor, 33, 89
Playkids, 34, 36, 101, 202
Polvo, agência, 51
Pontes, Eduardo, 163
Ponto Frio, 131
Por que fazemos o que fazemos (Cortella), 127
Porchat, Fábio, 111
Positivo, 79
Póvoa, Fabio, 92
preconceito contra o Nordeste, 142
preconceito racial, 139
PricewaterhouseCoopers (PwC), 43
Primeira Chance, ONG, 144
Príncipe, O (Maquiavel), 81
Privado, Robson, 139
Profuturo, seguradora, 182
PUC-RJ, 96, 102
PUC-SP, 106

Qiu, Tony, 167, 174
QuintoAndar, 20, 23, 26-33, 83, 132, 136, 190; origem do nome, 28

Rapadura Valley, 203
Rappi, 111, 118
Red Foot, 204
Rede, 163
Redpoint eventures, 100, 131
RestauranteWeb, 109, 111
Reuters, 168
RH, 46, 126, 131, 184
Ribeiro, Lair, 201
Rio de Janeiro, RJ, 92, 95-6, 99, 161
Riverwood Capital, 172
Rocket Internet, 109
Rodrigues, Romero, 100
Rondani, Bruno, 192, 197-8
Ruiz, Wagner, 50-3, 175, 177

Sá Neto, Ari de, 76-7, 80, 134, 142-53
SAE Digital, 77
Sales, Marcelo, 92, 96, 102-3
Salles, Ricardo, 144
Salman, Mohammed bin, 189
San Francisco, 22
Sandwich Valley, 204
Santander, 47, 183
Santos, Arthur, 92
São Paulo, SP, 40, 58, 65, 83, 107, 167, 188
Sartori, Marcelo, 44, 46
SAS *ver* Sistema Ari de Sá
SBT, 42
scale-ups, 11
Scandian, Daniel, 139
Scandian, Marcelo, 139
Sciences Po, 58
Sebrae, 162
Sequoia Capital, 60, 63, 69
Serra, Verônica Allende, 56, 100, 192-7
Setúbal, Roberto, 71
Sicupira, Beto, 17, 24, 161, 163
Sieve, 163

Sigrist, Patrick, 108-9
Silva, Devanir da, 107
Sistema Ari de Sá (SAS), 77-8, 135, 142-53
Softbank, 47, 139, 172, 180, 188, 190
Solon de Pontes, Eduardo Cunha Monnerat, 157
Son, Masayoshi, 189
Souza Lima, Victor, 126
Spotify, 56
squads, 132
Srougi, Thomaz, 68
start-ups: autonomia, 133; benefícios na demissão, 137; busca por capital, 192-8; estratégias iniciais, 25, 30, 36-8, 43-4, 54, 56, 58, 60, 64, 68-9, 72, 85-6, 89, 183; ideias fracassadas, 35, 38, 42; ilusões sobre, 140; líderes mais experientes, 138-9; marketing para atrair funcionários, 136; metas *versus* contexto geral, 135; modo de vestir, 67, 85, 132, 139, 174, 180; recrutamento de chefes, 134; visita dos pais, 133
Stecca, Flávio, 34
Stone, 13, 15, 17, 20, 47, 120-9, 136, 154-65; IPO, 154, 155, 157, 165; processo seletivo, 120-9
Street, Andre, 125-6, 154-7
Street, Jorge, 159
sucesso não ocorre por acaso, O (Ribeiro), 201
Sururu Valley, 203
Sydney, Austrália, 106
Sympla, 34, 100, 117

Tambaqui Valley, 204
Telexpo Wireless, 97
Telles, Guilherme, 166
Telles, Marcel, 17, 24, 163
Tencent, 118
Thayro, João, 40-5, 182, 184
Tiger Global Management, 71, 83, 172
Ton, 163
Tropa de Elite, filme, 122

Uber, 14, 21, 166, 168, 171, 174, 189
Uber Eats, 111, 118
UberHub, 204
Unicamp, 24, 95, 131
unicórnios: Airbnb se torna um, 22; brasileiros, 12, 14, 16-8; Ebanx se torna um, 51-2, 55; Gympass se torna um, 47; Nubank se torna um, 73; QuintoAndar se torna um, 31; ranking mundial, 11
Unilever, 45
Universidade Cândido Mendes, 162
Universidade de São Paulo (USP), 40, 126, 143
Universidade Federal do ABC, 126
Universidade Federal do Paraná (UFPR), 139
Universidade Federal do Rio Grande do Norte, 126
Universidade Harvard, 41, 202
Universidade Northwestern, 61
Universidade Princeton, 62
Universidade Stanford, 22-4, 27, 60, 131, 163, 166, 202
Universidade Yale, 101, 143
Up2Grade, 96

vale do Silício, 22, 34
Valor Capital, 164, 192
valores, 16, 197
Vélez, David, 60-5, 69, 186, 195
Venezuela, 186
Veras, Paulo, 84-90, 167, 170-4
Via Varejo, 131
vida do viajante, A, canção, 151
Visa, 163
Visconde de Mauá (Irineu Evangelista de Souza), 179
Vivo, 98
Voigt, Alphonse, 49-54, 175

Wandscheer, Maíra Ary, 135, 149
Wavy, 94, 101
WeWork, 189-90
White, Benjamin, 103
Wible, Edward, 62-3, 66, 186
WildLife Studios, 203
Wizard, 162

Y Combinator (YC), 21
Yavox, 93
Yellow, 173
Young Presidents' Organization, 201
YouTube, 35, 89

Zap Imóveis, 27
Zappos, 69
Zeewe TV, 35
Zoop, 34
Zuckerberg, Mark, 12, 202

TIPOLOGIA Miller e Akzidenz
DIAGRAMAÇÃO acomte
PAPEL Pólen Soft, Suzano S.A.
IMPRESSÃO Lis Gráfica, setembro de 2020

A marca FSC® é a garantia de que a madeira utilizada na fabricação do papel deste livro provém de florestas que foram gerenciadas de maneira ambientalmente correta, socialmente justa e economicamente viável, além de outras fontes de origem controlada.